Saxophone

もっと音楽が好きになる
上達の基本
サクソフォーン

平野公崇 Masataka Hirano ・著

音楽之友社

はじめに

　皆さんこんにちは、平野公崇（まさたか）です。ヨロシク！
　これを読んでいる皆さんの多くがそうであるように、僕の楽器との出合いは中学校の"ブラバン"。名も知らぬ楽器たちの中から、見覚えのあったフルートとトランペットを希望したものの、すでに定員オーバー。他の楽器を選ばなければならなかった僕に、父親が突然「テナー・サクソフォーンやれよ！」と言うではありませんか！（なんでテナーやねん！）
　翌日部室に行き「てなーさっくす？　ってありますか」と、「はじめてのおつかい」のようなことを言って出てきたケースを開けた瞬間の衝撃といったら！
　なんだかいっぱい付いているキイの量！　オバケ！
　ムリムリ！　と思ったけど、横で先輩が吹いているのを見て、その姿形がすっかり気に入ってしまい、その楽器を始めることになったのでした。
　こんなふうにサクソフォニスト平野公崇の誕生は平凡であっけないものだったけど、先輩に音の出し方を習ったあの１年間は、今思うとトンでもない練習をしてました。

● 「面白そう！」と思ったからマネしてみた

　買ってきたサクソフォーンのレコードを毎日イヤというほど聴いていた僕は、曲を聴いて覚えては学校で吹いてみる、ということを毎日繰り返していましたが、その中でどうしても出ない音がある。ここまできてその音だけ出ないというのは何とも悔しい。しかもそこが一番カッコイー。なんとか出そうと苦労すること数十分、似たような音が出た！　そのうちもっと似たような音が出た!!　いつしかその音が出せるようになっていた!!!　それがいわゆるフラジオ（フラジョレット。最高音ファ#より上の音）を発見した瞬間でした。
　これに味をしめた僕は、どこからともなく聞いてきた「じゅうおん」に怪しい魅力を感じた。１本のサクソフォーンから二つも三つも音が出るわけないのに!?　もちろん指使いはデタラメだったけど、苦節数十分、似

たような音が出た！　いつしか二つも三つも音が出ていた!!!　重音である。そしてさらに、あの荒行(あらぎょう)（？）とまで言われる循環呼吸（息を口から吐きながら同時に鼻から吸う奏法）のやり方を、「そんな手品みたいなことって？」と種明かしでもするように考え、ある日発見してしまったのだ。

　今思えば、この頃が人生のうちで最高にサクソフォーンを愛し、真っすぐに向き合っていた二度と戻らない黄金のトキメキ、青春の日々だった。

　人に聞いたり、本を読めばすぐわかるようなことを、必死こいて莫大な時間をさいて自分の力で見つけようとする。これがけっこうムダなようでムダじゃない、と今になって思うのです。

●平野公崇のテクを伝授する本!

　皆さんは楽器で遊んでいますか？　人に言われたことだけをやっていても、たいしてうまくはなりません。「面白そう」と思ったらまずやってみよう！できるかどうかはどうでもいい。やっちゃえやっちゃえ！　世の中にあるものすべてが、あなたのハートしだいで栄養になるのですから。

　僕が楽器と出合った吹奏楽はもちろん、ジャズからクラシックまで、ソロにアンサンブルに、さらには主役から裏方までと大活躍のサクソフォーンだからこそ、見つけた魅力はどんどんまねしちゃえばいいんです。遊んじゃえばいいんです。

　「しかし、本当にそれだけでうまくなるの？」確かに。もしかしたら、サクソフォーンこそ、基礎をもっともっと真剣に考えるべき楽器かもしれないのです。そこで平野公崇、立ち上がりました！　皆様のために！

　それがこの本なのです。

　「知ってよかった本当の基礎」から「門外不出の極秘スーパーテクニック・ウルトラC3回転半」までたっぷり伝授するので、乞うご期待！

平野公崇

もっと音楽が好きになる
上達の基本 サクソフォーン
C O N T E N T S

はじめに ……………………………………………………… 2

きほんの「き」 音楽を始める前に　7
- その❶ 目からウロコの正しい組み立て ……………… 8
- その❷ 呼吸 …………………………………………… 12
- その❸ アンブシュア ………………………………… 16
- その❹ 舌のポジション ……………………………… 18
- その❺ 姿勢 …………………………………………… 20
- その❻ リードの選び方・育て方 …………………… 24
- その❼ マウスピースと楽器の選び方 ……………… 26
- その❽ おさらいテスト ……………………………… 28

きほんの「ほ」 自由に音を奏でよう　29
- その❶ 練習嫌いだけど、うまくなりたい ………… 30
- その❷ ロングトーンとスケール …………………… 34
- その❸ タンギング …………………………………… 38
- その❹ ダイナミクス ………………………………… 40
- その❺ 音程 …………………………………………… 42
- その❻ 高音・低音 …………………………………… 44
- その❼ ヴィブラート①〜基礎編〜 ………………… 46
- その❽ ヴィブラート②〜応用編〜 ………………… 48
- その❾ 指に影響されない息 ………………………… 52
- その❿ フィンガリング〜指のテクニック〜 ……… 54
- その⓫ 替え指①〜スムーズな運指にする〜 ……… 56
- その⓬ 替え指②〜音程を良くする〜 ……………… 62
- その⓭ 替え指③〜特殊な替え指〜 ………………… 64
- その⓮ 特殊奏法 ……………………………………… 66
- その⓯ デイリートレーニング・シート取り扱い説明書 … 69
- その⓰ テスト ………………………………………… 70

きほんの「ん」 奏法から表現へ　　　　　　　　　　71

- その❶　演奏の心構え　　　　　　　　　　　　72
- その❷　楽譜の読み方　　　　　　　　　　　　74
- その❸　アンサンブルをどう考えるか　　　　　78
- その❹　アンサンブルの音程　　　　　　　　　80
- その❺　門外不出！　チューニングと音程の練習　　83

きほんの「上」に 楽しく音楽を続けよう　　　　　　85

- その❶　習う、教える　　　　　　　　　　　　86
- その❷　趣味にするか専門にするか　　　　　　87
- その❸　スランプに陥ったとき　　　　　　　　88
- その❹　演奏することの「快感」　　　　　　　89

おわりに　　　　　　　　　　　　　　　　　　91

特別寄稿「本番力」をつける、もうひとつの練習
- 誰にでもできる「こころのトレーニング」（大場ゆかり）　　92

【とじこみ付録】平野公崇オリジナル　デイリートレーニング・シート

※ 本書は『Band Journal』誌 2000 年 5 月号から 2001 年 4 月号に連載された「演奏に役立つ ONE POINT LESSON」を元に大幅な加筆訂正を行ったものです

サクソフォーン Saxophone

各部の名称

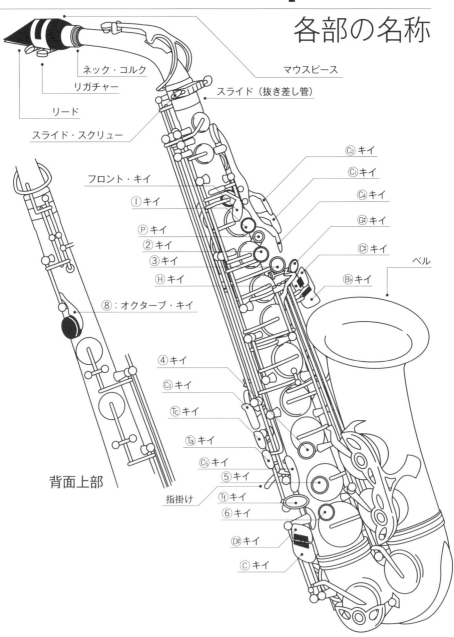

*アルト・サクソフォーンで示しています。

きほんの「き」

音楽を始める前に

Saxophone

目からウロコの正しい組み立て

　初めての人も、慣れた人も、楽器本来の力を引き出すために正しい楽器の組み立て方を身に付けましょう。間違った組み立てをして、良い音が出ない原因になっちゃってることもあるので注意！

●組み立てにもコツがある

　まずは本体とネックをつなぎましょう。落下防止にストラップをつないでおくと安心ですね。本体から突き出たオクターヴ・キイの一部とネック裏のプレートの中央を合わせると、だいたい真っすぐに組み立てられます（写真1）。多少左右に傾いていてもよいのですが、曲がり過ぎるとネックの上に付いているオクターヴ・キイが浮いてしまうので注意！「オクターヴ下の指使いで上の音が出せてる？」というのは単なる勘違い。

　次はネジをしっかり、きつく締めましょう。見た目ではわからないけれど、音が出ているとき楽器は「ビーっ」と振動しています。本体とネックが固くつながっていないと全体が一つのバイブレーションにならず、低音が出にくくなってしまいます。（写真2）

　次にマウスピースを付けます。本当は音程がちょうどよくなるところに写真3のような印がしてあるとよいのですが、初めての人はとりあえず、コルクが5㎜程度くらい残るまでマウスピースを入れてみましょう。

　マウスピースにリガチャーをつけたら、その隙間にリードを滑り込ませリードの先端とマウスピースの先端を同じくらいの高さに調節し、リガチャーのネジをしっかり締めて完成（写真4）！　このときリードが左右に曲がっていないか必ずチェック（写真5）！　さあ、楽器はできた！

きほんの「き」

写真1　ネック裏のプレートをオクターヴ・キイの一部と合わせてだいたい真っすぐに。左右に曲がり過ぎるとネック上のオクターヴ・キイが浮いてしまう

写真2　後で緩められるか心配でも、ネジは「えいっ！」と勇気をもって締める。全体がひとつになっていないと、低音がうまく出ない

写真3　ちょうどよい音程になるところに印をつけると便利。初めての人は5mm程度残すのが目安に

写真4　リードとマウスピースの先端を合わせたらリガチャーをしっかり締める！

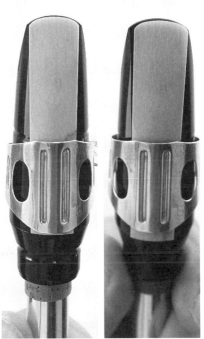

写真5　真っすぐのリード（左）と左右に曲がったリード（右）。曲がっていると音がうまく出なくなる

●いよいよ吹いてみよう!

　右の図をしっかり見てみよう。上の歯はマウスピースに直接付け、上から少し押さえるくらいのつもりで。だいたい先端から1cmくらいのところ。吹いたときの振動が歯に響いて気になる人は、楽器屋さんでマウスピース・パッチを買って試してください。

　続いて下の唇を軽く巻くような感じにしたら、口笛を吹くように唇全体でマウスピースを包むように締めます。このとき、くわえる深さと唇の締め具合で良い音が出たり出なかったりします。

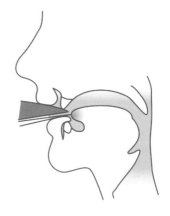

図1　上の歯はマウスピースに直接付けるつける。少し上から押さえるくらいのつもりで

　準備ができたら、「フ――」とろうそくの火を消すようなつもりで息を楽器に吹き込んでみましょう。音が出なかった人は、マウスピースをくわえる深さ、上の歯の場所や唇の締め具合、息の強さを少し変えてみながら、音が出るバランスを探しましょう。

●ついでに音階もマスターしちゃおう

　いろいろあるキイの中で、最初に使い方を覚えるのは次ページの写真の7つのキイです。なんとリコーダーと同じ運指なのです！　最初に①だけを押さえると真ん中のシが出ます。そこから下に向けて順に指を押していけば、シラソファミレド！　おしまい！　今度は下から指を離していって音階を上っちゃえ！　左手の親指のところのオクターヴ・キイを押せば、同じ運指でオクターヴ高い音が出ます！　真ん中のドは②だけを押すのが正解。リコーダーと同じでしょ！

　左手人さし指の付け根はサイド・キイに当たらないよう気を付けて！　手が小さくてどう頑張っても当たってしまうような人は、楽器屋さんに相談してください。ちゃんとサイド・キイの高さを直してくれます。

写真6　最初に覚えるのはこの7つのキイ。リコーダーと同じ運指

●移調楽器の話

　サクソフォーンは移調楽器です。アルト・サクソフォーンはE♭管です。つまり、楽譜のドの音を吹くとミ♭の音が出ます。楽譜の「ドレミファソラシド」が「ミ♭ファソラ♭シ♭ドレミ♭」になるのです。バリトン・サクソフォーンもE♭管です。そしてソプラノとテナー・サクソフォーンはB♭管。楽譜のドの音を吹くとシ♭の音が出ます。

　この本は、アルト・サクソフォーンを基準に書いています。

呼吸

●息を知る

　管楽器の基本は「息」です。しかし、皆さんどのくらいそのことを「本当に」理解しているでしょう？　世の中で最も難しい楽器はヴァイオリンと聞いたことがありますが、僕は管楽器のほうが数段難しいと思います。なぜなら、弓の動きは見えるけど、息は目に見えないからです。

　ヴァイオリン奏者にとって音の高さを操るのは左手。そして音に表情を付けるのは右手です。言うなれば、左手は技術、右手は音楽性。つまり弓の動きが音楽をつくり出しているのです。これは習う側としては理解しやすい。なぜなら先生が目の前でお手本を「見せて」くれるからです。

　しかし管楽器奏者は、弓の役目をする「息」を決して見ることができません。だから、知らず知らずのうちに勘違いしたり、悪い癖が身に付いてしまいがち。息とは、基本なのに難易度MAX。サクソフォーンを極めるための最重要ポイントなのです。だから以下を心して読むべし！

●吸うのも吐くのもため息のように

　息を吸うときに「シュー」とか「ツスー」とか音がするのは、残念ながらダメなやり方。気合十分だけど、これは空回り。音がするのは空気が通りにくい狭い穴しか開いてなくて、摩擦の音がしているからです。

　Goodな息を吸うためには、まず楽器なしで、力まず、ため息の逆をイメージして息を吸ってみよう。このとき喉が「ひんや〜り」したらVery Good! そしてとにかくいっぱい吸う。力を入れるのではなく、上半身が柔らかく伸び縮みするボールのようにたくさん空気を吸い、全部吐くこと！　なるべくたくさんの空気を吸って吐いてみよう。呼吸がうまくできているときに自分の体を見れば、肩は脱力し、おなかは柔軟に伸び縮みしているのがわかります。

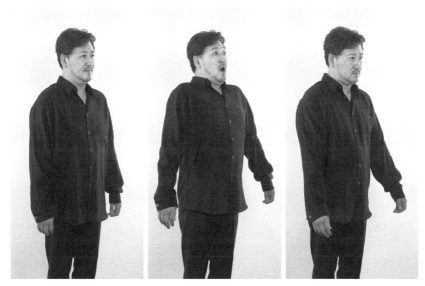

写真7 （左）通常時 （中央）吸った後 （右）息を止め、おなかを下ろしたところ。
力を入れる必要はない。上半身が柔らかいボールのように伸び縮みするのが理想。頬も膨らんでいない

●頬は膨らませない

　吸って吐くとき、頬は膨らませないこと。だからといって、渾身の力を入れて頬を固く細める必要もありません。

　試しに右手の手のひらを上にして口の前20cmに構えて、手のひらの上に鳥の羽根があるつもりで「フー」と吐いてみてください。頬は膨らみましたか？　膨らまないんじゃない？

　わからない人は

①わざと頬を膨らませて「フー」

②特に膨らませないで「フー」

両方を交互にやってみてください。頬が膨らむかどうかは、ちょっとした加減の問題だとわかるはず。

　もちろん楽器を持ったときも同じ！

写真8　20cm先の手のひらの上に鳥の羽根があるつもりで「フー」。この柔らかい息が演奏に大活躍！

きほんの「き」

●息の吸い方練習

①リラックスして息を大きく吸う（胸は膨らみ、おなかは少しへこみ上がる）
②そのまま息を止める（胸は膨らみ、おなかは少しへこみ上がったまま）
③息を止めたまま、上がったおなかをドスンと下ろす（息は止めたまま！）
④鼻や口にグッと息の圧力がかかるのを感じる
⑤止めていた息を開放！　プフー

①〜⑤を一つ一つ確認しながら何度もやりましょう。しだいに全部が一つの自然な動作になるようになるまで、何度もやることが大切！

●音は自転車理論で真っすぐ支える

楽器を吹くときの息は、例えるなら緩やかな坂道を自転車で上っているようなもの。緩やかとはいっても坂道は坂道。もしこぐのをやめればすぐに失速し、落ち始めてしまいます。平坦な道とは違い、こぎ続けなければ一定のスピードと安定した状態は保てない、まさにこんな感じが楽器を「吹く」ということなのです。楽器を鳴らすための空気を取り込み、吐く。そして坂道を上るがごとく「吐き続ける」。わかりやすく例えるなら常に「バレないくらいの*cresc.*」を続ける必要があるのです。それによって、ようやく音が安定して真っすぐ伸びてくれるのです。

坂道では、上り始めは力なんてほとんど要らないのに、頂上寸前になると必死にこがないと前に進めなくなります。勾配は変わってないのに！

楽器でも同じで、息の吐き始めはさほど注意しなくても音は

図2　緩やかな坂道でも、頂上近くでは必死に自転車をこがないと前に進めない。楽器を演奏する息も同じで、安定した音のためにはだんだん息を足していく

安定して出るのに、徐々に意識的に息を足していかないと音が不安定になってしまうのです。これを「息の支え」と呼んでいます。

●ディミヌエンドをなめらかに

坂道を上っています。スーッと速度を落として止まりたい。どうしますか？ そう、こぐのを少しずつやめればいいですね！　楽器でいえば、これがディミヌエンド（*dim.*）にあたります。

よく見かけるBadな例は、*dim.* を見た瞬間、音を弱めようと息の圧力がガクッと下がる例。これは自転車でいえば *dim.* の文字を見た瞬間にキイッとブレーキをかけ、バタッと倒れてしまうようなもの。

よく考えてみてください。坂道を上りながら「バレないくらいの *cresc.*」を続けていたのだから、スーッと速度を落として止まるためには？　そう、「バレないくらいの *cresc.*」を少しずつやめて、普通に吹くようにすればよいのです。そうすれば、自然と息が楽器の抵抗に負けていき、音は弱まってくれます。とっても大事！

●音を切る

音はリードに舌を付ければ止められます。しかし、通常は息を出すのをやめれば音は止まると覚えてください。「**フー**」だけ。これだけです。

「なーんだ、簡単なんだ？」と思った皆さん。これがまあ、予想以上にできないから大変なのですよ。初心者のうちはむしろできているのに、楽器に慣れ、欲が出てきた頃から忘れ、頭から消えてしまうのです。

多くは慣れてくると音を「ん」の発音で終わりたがってしまう。つまり「ターン」や「パーン」のイメージで音を切ってしまうけど、これはダメ。「フー」と切れば、ホールの自然な響きによって「ん」のような余韻が付きます。

自分で「ん」を付け加えると、音が不必要に複雑になったり、口の中で舌が大きく動いて音色、ピッチ、音の安定に影響してしまいます。

「ん」はまず使いません。注意してくださいね！

きほんの「き」

アンブシュア

●理想は「息」をしっかり出せるアンブシュア

楽器をくわえたときの口や顎の状態をアンブシュアといいます。息をしっかり出して楽器に送り込めるのが、理想的なアンブシュア。

息をしっかり入れようとして「ツスー」と歯の隙間から息を出す練習をしている姿を見かけますが、口の手前5cmのところに手のひらを持ってきてやってみてください。ほとんど息が当たっていないでしょう？ これでは楽器に息が入りません。吹いてるつもりで肝心の「息」が出てない人、けっこういるんです。

前項で学んだ理想の息を思い出しましょう。口から20cm先のところにある手のひらに乗せた鳥の羽根を「フ――」と吹きます。鳥の羽根がなければ丸めたティッシュでもOK。頬を膨らませないように、息の力で吹き飛ばしてみてください。手のひらからこのティッシュを落とせるような息が演奏に必要な「息」なのです。この息とアンブシュアを組み合わせましょう！

●アンブシュアづくりのエクササイズ

まず、**マウスピースなし**で次のような状態を作ってください。
①下唇だけは内側に立てる（少し巻く）。
　上前歯はマウスピースにしっかり固定する（したつもり）
②唇は、口笛を吹くときのように「ウ」の形。
　歯から唇が離れるほど前につき出す（上唇が上にそり返るぐらい「ウ」で）
③その状態で息を吐いてみる（ティッシュを吹き飛ばすように）。
　このとき、頬を膨らませない！　唇の横の筋肉を「イー」と引かない！
　さあ、マウスピースを迎え入れる完璧な状態ができました

④そこに、マウスピースを包み込むように入れてみてください。まるでマウスピースの形をしたこわれやすいナマたまごを唇で支えているつもりで。あっ！　そんなに噛んだらつぶれて黄身と白身が口の中に‼（うえっ）

⑤さあ！　ティッシュを吹き飛ばすような「息」を入れてみましょう。

⑥次の譜例を見て、「おうおうおう」、もしくは「HoFu HoFu HoFu」と息をしっかり入れてヴィブラートしてみてください。

⑦そして「Ho（お）」の状態でストップ！
今、この口、この顎がまさに理想のアンブシュアであり、「サクソフォーンで音を出す」の基本の状態なのです！

譜例1　ヴィブラート練習。Ho（お）のときの顎が理想のアンブシュア

　楽器を吹くときは、この「Ho（お）」の口、顎の状態を「ノーマル基本」としましょう。
　吹いてると下唇が痛くなったり、時には下唇の内側に歯形が付いて血が出ちゃったりという経験をしたことのある人はいませんか？
　言い換えれば、**理想のアンブシュアは、下顎（下の歯）はフリーで、リードになにも働きかけていない状態です。決してマウスピースを食べないでください。**「Fu（う）」はこれに対して顎の動き、息の流れに変化をつける役割。

　僕のパリ音楽院留学時代の師匠、ドゥラングル先生が来日したとき、お店に飾ってある"おかめとひょっとこ"を見て「オーッ！　ココニ、トテモイイアンブシュアノミホンガアリマース」と言っていたことを紹介して、この項終わり！

舌のポジション

●息の最後の関門「舌のポジション」

　さて、サクソフォーンを吹くうえで大切なこと、それが息であることはわかりましたね？　アンブシュアも大丈夫。ところがまだ終わりではないのです。

　最後の関門、それが「舌のポジション」です。これについてはいろいろな考え方があり、必ずしも今から言うとおりでなければならないわけではありませんが、本家パリより伝わるやり方をご紹介しましょう！

●Yの発音こそ、とても重要

　実はこれ、日本人にはちょっと難しい問題です。理由は言語の違いにあります。サクソフォーンの生まれた国のことばであるフランス語には持続可能な子音がいくつもあります。それはF、J、R、V、Y、Zの6つ。子音を発音するときの舌のポジションを維持したまま、母音も発音します。するとなんとも濁った面白い音になります。

　なかでもYの発音こそが、サクソフォーンを吹く上でとても重要な発音。英語ではこのアルファベットを「ワイ」といいますが、フランス語では「イグレック」といいます。イグレックは「ギリシャのイ」という意味。フランス語でギリシャを「グレック」と呼ぶからです。こんなアルファベットの呼び名にもちゃんと意味があるのですね。面白い！

　フランス語では、このイグレックのイも子音と考えるわけです。例えば皆さんの知っている英単語のYesterdayやYellowなども、発音するときははっきりとしたイから始まりますね？　フランス語でも英語でも、Yの発音はイなのですが、フランス語ではこのあとに母音のUが来ると、子音のイを持続させて発音するのです。

　え？　難しい？　ごめんなさい。

今からもっと簡単にします。

①「イー」と延ばす

②「イー」と延ばしながら、舌の位置や形を変えずに唇だけを「ウ」にする

以上！　できましたか？　できなくてもあまり気にせずに！

さらに簡単にしましょう。

サクソフォーンを吹くとき、舌は「イー」で！

●口内を管にして息のスピードを保つ!

息は肺から出て気管を通り、喉、口内を経て楽器へと吹き込まれます。楽器はどこをとっても管（くだ）です。気管も喉も管です。

しかし口内だけが、管ではなく部屋になっています。

川をイメージしてください。上流から勢いよく流れた水は、下流で川幅が広がると速度が落ちます。同じように、肺、気管、喉を通過した息が、楽器という管に入る直前の口内でムダに速度を失ってしまうのはもったいない。そこで口内も管にすべく、舌を「イ」の状態にするのです。よくよく観察すると「イ」のときは舌の両サイド上部は上顎に接しています。舌の真ん中がやや窪（くぼ）み、1本の管のようになったところを息は通って、楽器へと到達します。

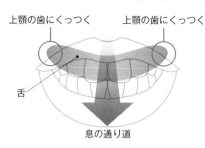

図3　両サイドを立てた舌に沿って息が流れる

舌は、通常は見ることのできない部位なのでコントロールが難しい。やや浮かせて、高めで、などと言われてもピンとはこないものです。そんなときは舌は「イ」、唇は「ウ」！　を思い出してくださいね！

姿勢

●正しい姿勢に直す1秒は10時間の練習より効果大

　僕は昔「君、ハンガー背負ってないか？」と言われるような姿勢で吹いていて、首を痛めたことがあります。そのハンディはホントに大変なものなので、なおさら姿勢にはうるさいのです。

　「姿勢の話よりとりあえずこのパッセージが速く吹けなきゃ困るんだけど」とお思いの人もいるかもしれませんが、10時間の練習より正しい姿勢に直すその1秒のほうが、自分を明らかに変えてくれるものです。

　ダマされたと思って、次に紹介するエクササイズをやってみてください。

●エクササイズ1：ピアノを持ち上げよう!

〈こんな症状の人に有効〉

◆棒のように直立で吹いてる人（おなかが使えていないため、息を吐く力が不足して、音の張り、つやがないのが悩み）

◆棒の上にさらにハンガーをかけたようになって吹いてる人（腹が使えていないのに、さらに無理やり息を出そうとして胸、喉に力が入り、音がつぶれていたり、高音、低音が出ないのが悩み）

〈練習方法〉

　まずピアノを10秒間持ち上げたつもりでキープ！　このとき、足、腰、お尻、つま先、腹などにどんなふうな力が入ってるか覚えておこう。ただちにサクソフォーンを持ち、そっくり同じ姿勢（下半身）でロングトーンをしてみよう。「重心を低く」とか、「おなかからしっかり音を出して」と言われてもピンとこない君！　今ピアノを持ち上げようとしていた下半身の感じがそれだ！　思い出しながらやってみよう！

　「ピアノ持ち上げ10秒／ロングトーン」のセットを5回、朝練夕練前、1日2回忘れずに！

写真9　エクササイズ1：ピアノがない場合は、動かないくらい重い机や、固定されたカウンターなどでもOK

写真10　エクササイズ2：後頭部、背中、お尻がピッタリと壁につくように！　うっかり前に傾かないこと！

〈使用上の注意〉

　あーホントに持ち上げちゃったそこの君！　おろしておろして！　本当に持ち上がっちゃわないように必ずグランドピアノでやること！　ダマされたと思って1回やってみよう。そしてグランドピアノも持ち上げてしまった君は、今すぐ重量挙げ、またはレスリング部へ入部し直そう！

●エクササイズ2：壁際ロングトーン

〈こんな症状の人に有効〉

◆携帯電話より重いものを首からストラップでぶら下げたことがないため、サクソフォーンをぶら下げると首や頭が大きく前に傾いてしまう人（息の流れがさえぎられるため、喉や胸に負担がかかり苦しい。音がつぶれていたり、高音、低音が出ないのが悩み）

〈練習方法〉

いたって簡単。何の変哲もない壁をご用意ください。その壁を背にしてギリギリに立ちます。そして後頭部をカベにつけた状態でロングトーン。

〈使用上の注意〉

ペンキぬりたてじゃないか、隠しトビラで秘密の部屋に通じて行方不明にならないか注意しよう。エクササイズ1と合わせ技でお試しください。

さあ、この二つのエクササイズ、面白いと思ったらやってみよう！　ただやればいい。後は何も考えなくてもすべてがうまくいってくれる！　ハズ。

●姿勢を良くするワンポイント・アドヴァイス

◆練習時は立って練習しよう。

もちろん個人練習のときだけね！　座って吹くときも楽器はなるべく真っすぐに。テナーやバリトンは体が大きくないと真っすぐの姿勢を保つのは難しいけど、楽器の角度に自分の体のほうを合わせないで、必要以上に楽器を傾けないこと。

写真11　楽器と体は真っすぐ構える！　右の例のように首が前に傾いてはイケナイ！

写真12　座って吹くときも楽器は真っすぐが基本（左）。
斜めに構えてもよいけれど、あくまで体は真っすぐ（中央）。楽器と一緒に体まで傾いてはいけない（右）

◆**座って吹くときも足は肩幅程度に開く**

　椅子に浅く腰掛け、右足を軽く引いてもOK。

　スペースの都合で深く腰掛けたい人は、逆にあまり踏ん張らず、知らず知らずのうちに足が浮いてしまうぐらい重心は椅子の上に落としましょう。

◆**上半身はいつも自由にリラックスすること**

　上半身はクラゲのように！　下半身はテトラポッドのように。

◆**とっておきの練習法！**

　最後にとっておきの練習法を伝授しよう。譜例2のように、ある音から高音の、あたりへアプローチするとき、難しいですね。

譜例2

そんなときは

①両肩を両耳に付くぐらいまで上げる（よく陽気なアメリカ人が見せる「さあね」のポーズで）。そのままの状態で下の音を吹いてみる。

②そして問題の高音へ移る瞬間、一気に力を抜いて肩を落とす！

ダマされたと思ってやってみてね。

リードの選び方・育て方

　誰しも楽器は良いものを、と思うでしょう。しかし、実は音に強く影響するものは、より口に近いものなのです。つまり〈リード〉と〈マウスピース〉がすごく大事！　特に〈リード〉は命より大事！　いちばん安いからと軽く見てはダメ。楽器、マウスピースがスーパー良いものでも、リードがポンコツだと音はポンコツになるから、ぜひリード博士になってほしい！

●自分に合うリード探し

　まずリードを買ってみよう。メーカーはいろいろあり、それぞれに良さ・特徴があるから、試して自分好みのものを見つけよう。わからなければお店の人に聞いてみよう。

　見た目のデザインが同じ箱でも番号が違うリードが出ているので注意。この番号は固さを表している。決して厚さ、形は変わらないことを知っておこう。2番はペラペラに、4番は鋼鉄のように感じたりするけど、厚さ、カットはまったく同じ。そのくらい、リード一枚一枚には個体差があるのだ。

　どれくらいの固さのリードが自分のマウスピースと相性が良いかを最初に確認してみよう。自力で頑張るあなたは、とりあえず3番か3 $\frac{1}{2}$ 番を1箱買って試して、3が固くて吹きづらければ2番や2 $\frac{1}{2}$ 番を、3 $\frac{1}{2}$ 番が柔らかくて吹きづらければ4番を試してみよう。

●リードの下ごしらえ

　自分と自分のマウスピースに合うリードがわかったら、いよいよリードの下ごしらえ。まず一箱（余裕がある人は数箱）買います。普通は10枚入り。目安として**半分くらいは使いづらく捨てる**ことになると知っておこう。

リードの具合を見るためのオススメ音型は、mp くらいで開放の♪をロングトーン。できればついでにヴィブラートもかけてみます。吹いて固過ぎたり、柔らか過ぎるリードや、ノイズがジャリジャリ入るものは除外して、吹きやすくノイズの少ないもの、ノイズのないリードだけを、使える状態になるまで〈仕込んで〉いきます。

〈仕込み方〉

仕込み方はとても簡単！　先ほどと同じように mp くらいで開放の♪をロングトーン。少しその周辺の音を吹いてももちろんOK！　だいたい30秒〜1分くらい。ここで注意が二つ。それ以上吹き続けずすぐにやめること。そしてすぐにマウスピースから外し、指の腹で水分を取り除いてケースにしまうこと。

リードは湿気と乾燥によって状態がすぐに大きく変化してしまうし、特に新しいリードではそれが激しいので、ほんのちょっと湿らせ、ゆっくり乾かすのがポイント。当然、冷暖房の直撃や直射日光も避けないと、一発でリードがダメになってしまうので注意！

こうして注意を守りながら1か月も仕込みを繰り返すと、とても安定したリードのでき上がり。ここから先は、あまり神経質にならず、ある程度長時間吹いてももってくれるはず。

〈アドヴァイス〉

最初に箱から出したときに選んだリードが5枚だったとして、そのうち1枚がとても吹きやすくノイズも少なかったとしたら、この1枚は仕込みの後、来たる本番の日用にとっておこう。そして残る4枚は、後にローテーションしながら練習で使っていこう。できればこの使い始めの頃には、次なるリードの仕込みを始められると理想的！

マウスピースと楽器の選び方

●自分のマウスピースや楽器は「選定」で決める

　マウスピースや楽器には、リードほどではないけれど、やはり個体差があるので適当に買わないことが大切。できるだけ専門家に立ち会ってもらって選定してもらいましょう。

　家の近所じゃそんなの無理というあなた！　たとえ小さな楽器屋さんでも、東京などの本店に連絡して、そこから選定品を送ってもらえることもあるので、無理とあきらめずに、お店の人に頼んでみよう！

●やむを得ず自分で選ぶ場合は

　それも無理、というあなたは自力で選ぼう。

　客観的に、そして専門的に判断するのは難しいかもしれないけれど、吹いてみて吹きやすいと感じられる楽器を選べば、だいたいは合格なはず。ただし、選ぶときには一つのマウスピースや楽器を長時間吹かないように注意。長時間吹くと、いつの間にか自分が楽器に合わせて吹いて、無理のある楽器を選んでしまう可能性が高くなるので。

●吹きやすさと豊かな響き

　選ぶときに大切なことは、とにもかくにも良い音の楽器、マウスピースを選ぶことです。ただし、「あ！　よく響く！」と思うものは、かわりに吹奏感が重く吹きにくかったりするし、反対に「息が入りやすくて吹きやすい！」と思うものは、音がまとまらず響きが出にくい場合があるものです。吹きやすさ（＝息の入りやすさ）と、豊かな響きの両方を兼ねている楽器を探すようにしよう。

●購入後に気を付けたいこと

◆買ったら調整してもらおう

　僕たち専門家は、楽器を買ったときの状態のまま使うことはまずありません。特にサイド・キイの高さはリペアの人にお願いし、自分に合った高さに調整しておくだけで、グッと演奏しやすくなります！

◆マウスピース裏面の溝を消さない！

　マウスピースの裏面をよく見ると、うっすら溝があるのがわかりますか？　これは、リードがマウスピースにくっつき過ぎぬようわざとつけられているものなので、手入れのときには、この面の汚れを取ろうとゴシゴシやってしまわないこと！

　この溝が消えてしまいます。力を入れず優しく手入れしてくださいね。

◆楽器の調整

　練習後に楽器の手入れをするのはもちろんだけど、1シーズンに一度は楽器を調整に出そう。コンディションの悪くなった楽器を無理に吹き続けるのは、悪い癖が付いてしまう最大の要因です。

　また、新しい楽器や、オーバーホール（完全修理）を行った後の楽器はタンポが柔らかいので変化しやすく、再度調整の必要があります。だいたい1か月を目安に再度調整に出そう。その後は安定するので1シーズンに一度くらいで大丈夫！

おさらいテスト

●姿勢

（1）姿勢の練習でピアノを持ち上げられた人が目指すとよい職業は何？
　　　1. コック　　2. 重量挙げ　　3. サクソフォーン奏者

●呼吸

（2）息をおなかで吸うと息はどこに入る？
　　　1. 胃　　2. 肺　　3. 横隔膜

（3）息が胃に入った場合起きる現象をなんという？
　　　1. 腹痛　　2. げっぷ　　3. 胃もたれ

●アンブシュア

（4）口の中の理想的な形は次のどの発音？
　　　1.「ゆ」　　2.「ぬ」　　3.「ん」

（5）口全体の理想的な形は次のどのお面のよう？
　　　1. おかめ　　2. ドラミちゃん　　3. ひょっとこ

　さあ、できたかな？（答えはこのページの下！）

　全問正解のあなた、Very Good！　です！　サクソフォーン・マスターの称号目指し、次の章にGo！

　4問正解だったあなた、Good！　おしい！　実におしいな〜！　間違えちゃったところをチェック！　そしていざ練習編に！　遅れをとるなよ！

　正解が3つ以下だったあなた……どうしちゃったの？　サービス問題ばっかでしょ？　ドラミちゃん選んでる場合じゃないですよー！　もう一度最初からやり直し！

答え (1) 2 (2) 2 (3) 1 (4) 2 (5) 3

きほんの「ほ」

自由に音を奏でよう

Saxophone

「ほ」その① 練習嫌いだけど、うまくなりたい

●練習って面倒くさい。だからこそ緻密に反復練習!

　練習って面倒くさいでしょう？　中には好きな人もいるかもしれないけれど、僕はやっぱり嫌いかな。しなくて済むならそのほうが助かるに決まってる。でも何にもしなかったらできるようになるハズもないから、やるわけですね。でも、どうせやるならやったなりの成果が欲しい！　そんなあなたのために、効率よく成果につなげるための、いくつかの掟を伝授します。

●備えあれば憂いなし。下ごしらえ上達法

①臨時記号を書き込む

　新しい楽譜を手にしたら、すべての臨時記号を書き込む！

　臨時記号にはルールがあって、同じ小節内同じ高さの音なら、2回目以降に出てきても再び書かなくてもよいことになっています。でも、臨時記号がたくさん出てきたり、頻繁に転調したり、もともとある調号がいっぱいだったりすると、頭の中がこんがらがって、ミスも多くなりませんか？

譜例 3a

　だから、次のように全部の臨時記号を書き込んでしまいましょう！

譜例 3b

　これで譜読みのスピードも断然アップ、さらに後で音ミスに気付くなんてこともなくなります。数ページの曲なら、書き込むのに5分もあれば十分！

面倒くさがらず一手間かけるだけで、完成度も上がって練習時間も短縮！

②運指を決める

楽譜を頭からゆ〜っくり吹いていきましょう。難しい曲なら、短いパッセージごとに数回吹いていきましょう。このとき、ラ♯、ファ♯、ドなど必要に応じて、替え指を使ったほうがよい音をチェックしていきます。そしてそこを何回か吹いて、いちばん理想的な運指を決めて書き込みます。これを頭から終わりまでやります。

譜例4

③ブレスを書き込む

最後にブレスを書き込みましょう。理由は二つ。

- ●なんとなく吹いて、息が苦しくなるたびにブレスをしていると、細かなパッセージが吹けない原因になるから。
- ●ブレスはフレーズごとにとるのが理想的で、フレーズが音楽のよい区切りになるから。

フレーズがどこからどこまでか判断できないときは、まず休符を頼りにしましょう。あるいは同じ形を見つけることも区切りの発見につながります。先輩、先生に聞くのも大切です。

●部分ごとの譜読みで、できないところをチェック！

練習で、つい曲の頭から始めて、気が付くと終わりまで通しちゃうことってありますよね？　これはほぼ進歩なしの練習。それから、長いパッセージの練習も同じ。どこが簡単でどこが難しかったか分からなくなってしまいます。

練習の初めはズバリ**「できないところの発見」**が大事です。練習ごとに練習するパッセージを決めましょう。

練習する場所が決まったら、ゆっくり吹いていきます。リズムが難しいところは吹くのをやめ、きちんと理解できるようにします。わかりやすくするために拍の上に線を引くのもよいでしょう。

なぜできないのかを、この辺、ではなく、どの音が難しいのかを徐々にはっきりさせること、これを本当の「譜読み」というのです。

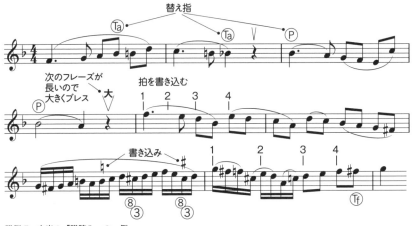

譜例5　本当の「譜読み」の一例

●練習開始は、メトロノーム付きの「間違えないテンポ」から

　特に練習の初めは必ずメトロノームを使いましょう。ここで大切なポイント。**間違えるテンポでは絶対に練習しないこと！**

　難しいものは難しいんだからできない？　いえいえ、基本的に誰にでもできます。本来のテンポの2倍遅く吹いてみてください。

　だいたい誰でも、どんなパッセージでも、間違えることなく余裕で吹けます。それでも難しかったらさらに遅く、それもダメならもっと遅く！　必ず間違えないで吹けるテンポがあります。その人が練習を始めるべきテンポがこのテンポなのです。

　まずはその「自分のテンポ」で3回やってみて。カンタンでしょ？　慣れてきてじれったいと感じたら、ほんの少しテンポを上げてもう3回。焦れったいと感じたらさらにテンポを上げて……と、徐々にインテンポへと近付けていきます。

　もちろん難しいものは初日からインテンポまで上げられたりはしません。1週間、2週間後にたどり着けばよいぐらいの気持ちで慎重に練習しましょう。とにかく**絶対間違えないこと**が大事。

●練習とは癖を付ける作業

何度も練習したパッセージは意識しなくても吹けるようになります。指も口も、そこにきたらこう動くんだ！　という癖がしっかり付いているからです。

でも、もし練習中にたびたび間違えていたらどうでしょう？　そう、それは本番でも間違える癖をきちんと付けているのと同じこと。本番でも練習通りにちゃんと間違えてしまう。

だからこそ、音ミスをなくすために臨時記号を書き込み、運指を決め、ゆっくり正確に覚えるように練習するのです。

「そんなに練習すればできるだろうけど、面倒くさい」と思う気持ちもわかります。でも、実際は皆さんはすでにかなりの時間、練習しているのです。この練習法はそんな皆さんの練習時間の半分以下の時間で、ステキな仕上がりにしてくれるもの。ウソだと思ったらお試しあれ！

練習計画表　　　　　　　※♩=120の ♫♫ 系パッセージの場合の例

1日目

テンポ	1.普通に	2.リズム練A	3.リズム練B	4.見ないで
♩=60				
♩=65				
♩=70				
♩=75				

2日目

テンポ	1.普通に	2.リズム練A	3.リズム練B	4.見ないで
♩=65				
♩=70				
♩=75				
♩=80				

3日目

テンポ	1.普通に	2.リズム練A	3.リズム練B	4.見ないで
♩=70				

図4　リズム練習A、Bは二つで1セット。4.の「見ないで吹く」が「できてる！」と確認する最良の方法。この積み重ねで練習完了の日には暗譜もできている。ほぼ覚えた頃に訪れる「あぁ、できそうだな」という感覚を最初からそこを目指そう！

きほんの「ほ」

ロングトーンとスケール

●偉人はスケールばかり練習する

　日本サクソフォーン界の草分けである故・阪口 新（あらた）先生は、70歳を過ぎてもなお現役で楽器を吹いていらっしゃいました。知人から聞いた話では、「先生はまず、スケールを30分、その後練習、そしてスケールを30分。休憩。再びスケールを30分、練習、そしてスケールを30分、休憩。さらにスケールを30分、練習、最後にやっぱりスケールを30分」というふうに1日を過ごしていたそうです。わが師C.ドゥラングル先生が来日したときには「練習室で延々7時間スケールやってたよ。しかも曲は全然練習しないんだよな」という話を耳にしました。

●スケールはバロメーター

　考えてみてください。その時代時代の頂点を極めた彼らは、スケールなど朝飯前の人たちなのです。にもかかわらず執拗（しつよう）に練習をするのは、それだけスケールや基礎は大切であり、難しく、また世の中に「これぞスケールの決定版」というものは存在しないからでしょう。

　よりよい音で、極めて正確に、音域のむらをなくし、音量のむらをなくし、流れるように、歌うがごとく……。磨いても磨いてもきりがない。だからこそ昨日よりもより磨かれたスケールを求め、今日も緩やかな坂道を上り続けるのでしょう。そして、それは彼らにとって一つのバロメーターなのです。

　今やった練習を、明日のためにしっかり記憶すること、それが基礎練習の仕方の最大のポイントです。それでは実践です。

●エクササイズ1：ロングトーンは毎日の記録

　「どの音で、何拍か」は日頃やっている通りでよいでしょう。付録のデイリートレーニング・シートの❶を参考にしてみてください。

〈ポイント〉

「毎日同じ音から始めること」と、「自分の音をよく聴き、記憶すること」がポイントです。特にロングトーン1発目の音にはこだわりましょう！　簡単に音を出してしまうのではなく、前日の反省点をまず思い出し、姿勢、アンブシュア、息のことなどを十分にイメージしてから音を出しましょう。

そして、即座に記憶！

今日これからやるロングトーンの練習は、実はすべて翌日の1発目のロングトーンのためなのです。良い音、美しい音を得るためには、とにかく音をよく聴きましょう！　鏡を見ずに化粧をしてもきれいにならないのと一緒です。

●エクササイズ2：スケールで正確さを追究

どの教則本のスケールを使ってもかまいません。

〈ポイント〉

「ゆっくり丁寧に〜限界まで」と、「機械よりも正確に！」がポイントです。

どんなに難しいものでもテンポを落とせば必ずできます。ですから、間違えたり、つっかえたりするなら、テンポを一つ落としましょう。なぜならば、間違ったまま練習を続けると、脳はその間違い自体を記憶してしまうからです。まずはゆっくりと、自分にできうる限り最高のスケールを吹きましょう。その状態を維持したまま、1メモリずつ、焦らずに、崩れないように、慎重にテンポを上げます。その日の自分にとって最高のテンポまで。ゆっくりだけで満足しないでください。

そして、正確さを追求し続けましょう。

音が均等に並ぶように。出だしの音は短くなりがちです。息を素早く入れ、気持ち長めに感じましょう。また、右手から左手に変わる瞬間や、薬指、小指を使う音、サイド・キイなどは指が転びがちです。これは反復練習あるのみです。

また、指と舌の動きのずれにも注意しましょう。これは自分で気が付こうとしない限り、いくら指摘されてもまず直りません。よく聴くことです。

そして、音色の統一。むらなく楽器をよく鳴らすように心掛けましょう。

音量の統一。楽器のもつ特性に耳が慣れてしまうのではなく、高音や低音だけ急に大きくなってしまわぬよう、注意しましょう。

●左手の指はパイプを握るような形で

　スケールの大切さはわかりましたね？　ここで一つ注意！　このスケールも、ひたすら間違えずに速く吹ければよいわけではないのです。滑らかさ、自然さがあってこそ美しい音楽になるのですから。
　「うわっ、すっげー！　めっちゃ速い曲バリバリ吹いてる！　キイの音もカチカチすげー！」というのは自慢になりません。

　ではどうすれば？　ズバリ大事なのは指の形です。特に左手親指が、パイプを握るような形をしていることが大切。下の写真を見てください。右の悪い例では力がきちっと伝わらない、サイド・キイを使うとき、使わないときのポジションの変化が難しいなどいろいろ問題が出てきてしまいます。

写真13　（左）良い左手の構えの例。パイプを握るような形。（右）悪い左手の構えの例。力が伝わらず、サイド・キイの扱いが難しくなる

●理想は、最小限の動きと力で動く指

　良い例にならい、右手も指を軽く曲げキイに対して立てるようなつもりで

吹きましょう（ただし、意識し過ぎて指がカチカチに力まないように！）。そして、できるだけ指をキイから離さないようにしてみましょう。最小限の指の動きで吹く！　これが最も効率のよいテクニカルな指の動きなのです。

さらに、キイ・アクションのカチャカチャという音もなくせるようにしましょう。これができたらもうあなたは達人クラス！

最小限の動きと最小限の力で指が動くあなたは、きっとどんな超絶の高速パッセージも吹きこなしてしまうでしょう！

●右手の構え方に注意!

右手は通常④、⑤、⑥、と⒟♯、ⓒのキイを操作しますが、サイド・キイのⓉa、Ⓣc、Ⓣf、ⒸC3も操作します。Ⓣa、Ⓣc、Ⓣfはさほど問題ありませんが、ⒸC3は話が別です。最近、左下の写真のような構えをよく見かけます。手の小さい日本人、とりわけ女子には仕方ない構えかもしれませんが、正しいのは右の写真の構え。ⒸC3を使うときは、必ず人さし指の先は④の近くに付け、指はⒸC3と両方に触れられるポジションで。手首の角度を変えるとすぐできます。

この構えだと、高音の　　、　　などから中音の　　、　　などに音が直接移るとき、きれいにレガートがかけられます。これは、すでにポジションで準備ができているからです。

良い例を参考にして、ぜひマスターしてくださいね！

写真14　右手の構え：(左) 悪い例　(右) 良い例

タンギング

●速く、美しいタンギングをしよう!

　タンギングの悩みは「速くできない」か「きれいにできない」のどちらかに分けられるでしょう。その悩みズバッと解決いたしましょう。

　最初に、タンギングの基本から確認。タンギングをする舌のポジションには、2通りあります。

> ①舌の先端
> ②舌の先端より1cmぐらい奥のところ

　両方とも正しいです。ただし、どちらも「リードの先端に触れるように」タンギングしていることに注目！

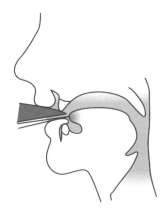

図5　①舌の先端でタンギングする

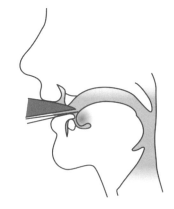

②舌先から1cmぐらい奥のところでタンギングする。舌の先端を下の歯の根元に付けたとき、自然にリードの先端に触れる場所です

　そして「リードに舌を押し付けない」ことも、とても大事です。例えるなら、リードを鋭い「かみそり」だとイメージして、少しでも強くリードに触れると舌が切れてしまうと思ってタンギングするぐらいがちょうどよいでしょう。

●速いタンギングをマスターする！

「日々の弛まぬ努力」が秘訣かと思いきや（それも大切なのですが）、案外、「こんなのやってらんないわ！　の精神」こそが、超高速3枚舌への近道なのです‼

◆エクササイズ

舌を使わずに「Fu」のロングトーンから始めます。次に「Fu Tu—」、「Fu Tu Tu—」、「Fu Tu Tu Tu—」……と、「Tu」のところで舌を使い、しだいにタンギングの数を増やしていきます。これをできるだけ速くやってみてください。最終的には「Fu Tu Tu Tu Tu ……」となるわけです。

〈使用上の注意〉

決してすべての音をタンギングしようと思わないこと！　3回に1回ほどはうまくいかないくらいにしましょう。つまり、**舌がリードに触れるか触れないかのギリギリのところ**を狙ってみてください。まずは練習ですから、10割打者じゃなくっても大丈夫です。舌の動きも最小限に抑えること！

舌を毎回奥のほうから動かすのではなく、リードの先端から1〜2mmぐらいの距離でセットして、常にキープしましょう。

タンギングしてないときも舌はそこにスタンバイ。そして優しく、ヒジョーにいいかげんな気持ちで動かします。これぞ「超高速3枚舌打法」なのです。

●スタッカートのためのタンギング

タンギングにはもう一つ、スタッカートのためのタンギングもあります。ここまで学んだタンギングと舌のポジション、リードに触れる場所は基本的には同じですが、息の使い方が違います。

スタッカートの場合は1音ごとに息を吹き直します。「Fu、Fu、Fu、Fu」の感じ。

そのFu、Fu、Fu、Fuを土台にして、舌を合わせていきましょう。

「Fu、Tu、Tu、Tu」の感じ。

はい、皆さんご一緒に！　Fu、Tu、Tu、Tu！

ダイナミクス

●まず3種類の音量をマスター!

　音量は表現の第一歩。だからちゃんとマスターすべし！

　皆さんが使う楽譜に出てくるダイナミクスは「pp p mp mf f ff」の6種類がメインでしょう。まれに出てくる「ppp fff」は、今は考えなくて大丈夫。それよりまず「p mf f」の3種類をしっかりマスターしよう！

　つまり、弱い、普通、強い、の3種類。

　さて、ここでクエスチョン！　pとf、どっちが疲れるでしょう？

　実はpがけっこう疲れるのです。なぜ？

　音が出るのに必要な条件は3つ。

> ①口の締め具合
> ②息の量
> ③息のスピード

　良い音を目指すときは、3つそれぞれのベストの状態を探していると思いますが、それはmf用。ダイナミクスに幅を持たせるためには、ベストの状態から変化させなくてはいけません。息の量だけ変えればいい？　いえいえ、息の量を変えるだけではうまくいかないのです。

● pは速い息が決め手

　pのとき、息の量だけを少なくすると、楽器を鳴らすには息が弱過ぎます。だから、少ないけど強い息＝スピードの速い息が必要になります。でもそれだけではまだ不十分。口の締め具合＝口全体と口の中をなるべく小さくしましょう。ちょうど「ひ」や「し」の発音のときのように舌が上顎に近い状態で、さらに唇もキュッとつぐみ、ヤクルトのストローがやっと入るかな？　くらいの小さい穴を作り、そこにしっかりおなかから支えられた速い息を送ると、

発音もよく、音色も美しいpがでるのです。

どうしてもわからない人は、すごく小さいけど、すごく汚い音を出すつもりで吹いてみると、結構うまくいきます。ちょっと危険だけどなかなか優秀な方法。だって僕自身、pを出すときほとんどそう思ってますからね。だからpは疲れるんです。「はっっっ」て感じにかなり力入れないとうまくいかないから。

● fは羽毛を飛ばす息で

fでは、右手手のひらを口の前20㎝に出して、羽毛を「ふー」と息で飛ばしてみましょう！ 「呼吸」の項（p.13）で紹介した練習です。「ふー」ってできましたか？ 簡単でしょ？ fはこれでOK。

「たいした息じゃないのにfが出るの？」と思うのも無理はないです。そのくらい力のいらない作業なので。サクソフォーンはさらに歌口の穴が小さいから、実はそんな息すら求めてません。せいぜい羽毛をふわ～っと飛ばす程度で十分。

問題は息を受け入れる口のほうです。ふわ～っと入ってくる息に一切のストレスをかけぬよう、口をよく開いてフリーパスで通してあげます。

〈ポイント〉

多くの人が、fと思った瞬間、口に力を入れてしまいます。息が大量かつ速いのはよいとしても、口に力が入ることで、息がブロックされて楽器に入らなくなってしまうのです。これでは渾身の力で自転車のペダルをこぎながら、同時に渾身の力でブレーキも握りしめるようなもの。人間は体のどこかに力を入れるとき、ほかのところにも力を入れてしまうものなので、仕方のないことではあるのですが……。

口に力が入ったまま出した音をfだと経験してきてしまった人は、本来fに必要な息だと、楽過ぎて物足りなく感じるかもしれません。でも、今日からは本当のfを覚えましょう！

「羽毛ふわ～っ」に「口ほわ～っ」。

とにかく力を抜いて息の通過を最優先しましょう！

きほんの「ほ」

音程

ピッチだけでなく音質もよくなる魔法の音程トレーニング！　はじめにA=442にしたチューナーを用意！

●チューニングで自分の癖を知る

真ん中の 𝄞 (★) から半音ずつ、まずは下行して、次に上行して、全音域の音程を計測してみよう。このときにチューナーは見ずに音を出し、出したらそのままチューナーを見て、針の振れ具合を率直に記録します。決して良い音程で吹こうとコントロールしないでください。なぜなら、この作業で**楽器や音域、個人の癖を知りたい**からです。

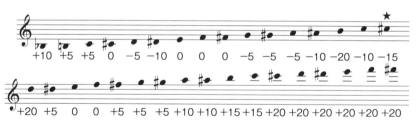

図6　筆者のピッチ・グラフの例。自分でも計測して自分や楽器の癖を知ろう

◆チューニングの仕方

上のグラフには最高は＋20、最低は－20とあります。ここで「－（マイナス）」がなくなるように、つまり－20の音が0になるようにチューニングしましょう（高い場合はマウスピースを抜く、低い場合は入れる）。どの音もピッタリか高めにずれるようにチューニングするわけです。とんでもなく高い音が出てきても気にせずに。

●音程コントロール

チューニングの次は音程のコントロールです。

◆エクササイズ１（平均律）

から始めて、まずは下行、次に上行して記譜上のハ長調のスケールをロングトーン。このとき、次の手順でそれぞれの音のピッチをチェック！

①チューナーを見ずに音を出し、それが正しければ次の音へ。
②ずれていれば正しい音程を声でとります。
③そして、同じ音程を声で出すつもりで（実際は声を出さずに）楽器で吹いてみましょう。

これを繰り返し練習して、正しい音程に近づけていきます。

高過ぎて困る音は、「う」の口にして思い切って突き出してみてください。かなり下げられます。それでも足りないときは、62ページから紹介する「替え指②」も駆使してください。

◆エクササイズ２（純正律）

友達に下のパートを吹いてもらい、（１）から（５）を練習してください。低音のドが友達のドとピッタリになるように！　そして、続く二つ目の音は、あらかじめ頭の中でよく鳴らしてから吹くようにします。きちっとハモるまで何度でも繰り返し練習。

譜例６　まずは平均律で。慣れたら長・短３度、完全４度・５度、そしてオクターヴをとれるように

アの**オクターヴ**は思いのほか狭いので、　　が高くなり過ぎないように。
イの**完全５度**は思いのほか広いので、　　が低くなり過ぎないように。
ウの**完全４度**は思いのほか狭いので、　　が高くなり過ぎないように。
エの**長３度**はかなり狭いので、　　は大胆に低めにとってみましょう。
オの**短３度**はかなり広いので、思いっきり高めにとってみましょう。

このように各インターヴァルを覚えていきます。音程がよくなると不思議と音もよくなってくるものです。一石二鳥ですのであせらずコツコツやってみよう！

高音・低音

●高音・低音の悩みを克服しよう!

サクソフォーン奏者の永遠の悩みといえば高音・低音です。

どちらかが異様に得意という特異体質の人はいても、両方が異様に得意という人はまずいないでしょう。

うまく出ない、美しく吹けない原因は、おそらく次の5つです。

①楽器の調整が悪く、キイがしっかり閉じていない

「調整に出してください」としか言えません。楽器屋さんに相談してください。1シーズンに1回ぐらいは問題を感じなくても調整に出しましょう。

②リードがやわらか過ぎる or 硬過ぎる

高音に問題を感じる人にはリードがやわらか過ぎる傾向が、低音に問題を感じる人にはリードが硬過ぎる傾向があります。

③息を止めてしまっている

苦手意識から、高音低音にさしかかったときに知らず知らずのうちに、胸やのどで息を止めてしまっているということがあります。例えば、立った状態で息を大きく吸って止めます。そして、そのままおじぎをするように、上半身を腰から90度前に倒してみてください。そのとき、苦しさを感じない、または胸やノドに苦しさを感じる人はこのパターンに陥りやすいでしょう。鼻や、唇に圧力を感じるようならOKです。

④口が締まり過ぎているか、緩み過ぎている

次ページの譜例7を吹いてみてください。

高音に上がったとき：とんでもない高い音（フラジオ、フラジョレット）にひっくり返ってしまう場合は口が緩んでいて、逆に低いほうにひっくり返ってしまう場合には口が締まっているのが原因だと思われます。反対だと思ってしまいがちですが、この思い込みを修正しないと事態は悪化する

ばかりです。

　低音に下がったとき：オクターヴ上が鳴ってしまう場合には口が締まり過ぎていること、音が鳴らなくなってしまう場合には口が緩んでいることが原因です。高音とは逆の感覚なので、注意してください。

⑤**ノドのポジションがとれていない**

　説明するのは難しいのですが、出したい音と同じ音程を声に出しているときのノドのポジションで吹くと、うまくいくことが多いです。

　例えば、 の音を出したかったら、まずその音を歌います（音域に無理があったらオクターヴ違ってもかまいません）。

　数回繰り返したら、まったく同じことをするつもりで楽器を吹いてください。繰り返しやるうちに、しだいに良いノドのポジションを見つけられるでしょう。

譜例7

〈**エクササイズ**〉

　今まで説明したこと（特に③、④、⑤）によく注意して、もう一度譜例7を吹いてみます。そのとき、 の音を吹きながら、肩をめいっぱい上げて、次の音に移る瞬間に、力を抜いて肩を一気に下げてみてください。低音でも同様にやってみましょう。

〈**使用上の注意**〉

　たいていの人は③、④、⑤の3つの要素がからみ合って苦手になっています。要するに、一つだけ克服してもよくなりません。3つの原因が克服できてはじめて美しく確実な高音・低音が出せるのです。

　ですから、一つだけ直してうまくいかなかったからといってそこであきらめず、次の原因を克服していってください。

ヴィブラート①
～基礎編～

●ヴィブラートに挑戦!

本来難しいと思われている（そして実際に難しい）ヴィブラートはなかなか教えてもらえないし、またちょっと教わったぐらいでは、うまくできないはず。だから、もっと後で出てくると思ったら大間違いなのだ。おいしいものは最初に食べてしまおう！

●用意するもの：メトロノーム（♩=50）　●使う音：

●エクササイズ１：「基礎」

① の音を *mf* で８拍延ばす。（譜例８ａ）

　　このときタンギングはしない。舌を使って「Tu―」で音を出し、音を止めるのではなく、息の「Fu―」だけで音を出す。音を切るときは息を出すのをやめる

②楽器を置いて、譜例８ｂを見ながら声を出して言ってみる。（このとき、できる限り顎を大きく動かすこと）

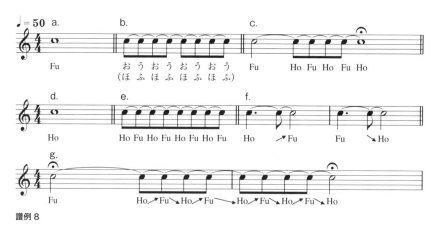

譜例８

③譜例8bを、声を出さずに息だけ出してやってみる
④楽器を持って、①の要領で 𝄞• を2拍延ばした後、3拍目から顎を③の要領で動かしてみる。最後は「Ho」の口でロングトーン（譜例8c）
⑤譜例8aを「Fu—」でなく「Ho—」でやってみる（譜例8d）
⑥最後に譜例8eのように8分音符で「Ho Fu Ho Fu……」と吹いてみる。テンポを ♩＝50、55、60、65、70と上げていく。できたら、同じことを3連符、16分音符でもやってみよう

●エクササイズ2：「滑らかなヴィブラート」

①譜例8fのように「Ho」を1拍半キープ。半拍で滑らかに「Fu」の口に近づけていく。また「Fu」から「Ho」に移動する前の半拍でも滑らかに「Ho」の口に近づけていく
②連続的に①を練習してみる（譜例8g）
③テンポを ♩＝50、55、60、65、70、まで上げていく。できたら、同じことを3連符、16分音符でやってみよう

〈使用上の注意〉

　動き始めたら「Ho」や「Fu」の口になるのは一瞬で、ほとんどの時間は「Ho」と「Fu」の間を移動している感覚を頭と体にたたき込もう。ここまでくればひとまず上手にヴィブラートをかけられるようになっているはず。根気強くあせらずやってほしい。給食の牛乳を飲むときにも、ついヴィブラートをかけてしまうぐらいになればシメタモノ。

　ただし、慣れてきたらエクササイズ1は⑥だけ、エクササイズ2は③だけ、もっと慣れてきたらエクササイズ2の③だけを練習すればよいでしょう。さらにもっと慣れてきたら牛乳だけを飲んでればよいでしょう。

　しかし、ときには、また最初に立ち返ってトライすることもお勧めします。

ヴィブラート②〜応用編〜

これはハッキリいって難しいです。無理だと思ったら、このページをコピーして楽器ケースの奥のほうにしまっておきましょう。

●エクササイズ３:音量・音域のヴァリエーション

◆音量

常に同じヴィブラートをかけているだけではいけません。その音量に合った深さをもったヴィブラートをかけましょう。まず、右の譜例を使って、３つのタイプのヴィブラートを*mf*で挑戦してみよう！

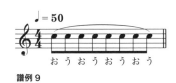

譜例９

① かかっているのがやっとわかる程度の浅いヴィブラート
② ふつうのヴィブラート
③ 音程が変わってしまうほどの深いヴィブラート

①と③はおおげさにやってみて。次に、譜例９の顎の動きを維持したまま、①を*p*で、②を*mf*で、③を*f*でやってみよう。これならしっくりきますね。このように*p*＝浅く、思った以上にデリケートに、*f*＝深く、思った以上に大胆にかけると、どの音量でも同じようなヴィブラートになるのです。

〈使用上の注意〉

メトロノームにきっちりと合わせて吹こう！

◆音域

音域は、低音域、中音域、高音域という分け方ではなく、開放の から下（オクターヴ・キイを使わない音域）と上（オクターヴ・キイを使う音域）に分け、それぞれを３つの音域に分けて考えます。Aの部分はヴィブラートを深く（上記③）、Cの部分はヴィブラートを浅く（同①）かけるように心掛けましょう。

譜例10 管が長くなっているA部分では深く、短くなっているC部分では浅くヴィブラートをかける

次の譜例を使って練習してみましょう。

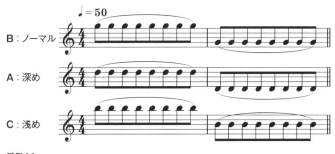

譜例11

〈使用上の注意〉

　浅くても深くても音量は一定に！　頭がこんがらがらないように、さらに音量を p、f でも試してみてください。ちょっと難しいかもしれないけど、p でCなら浅く＋浅くだからとても浅く、p でAなら浅く＋深くだから普通くらい、と考えるんです。

●エクササイズ4:実践編

次の譜例のようなメロディーがあります。あなたならどうやってヴィブラートをかけますか？

譜例12

◆基礎編はバッチリの人

　白玉音符にのみかけてみよう。最初は1拍に波二つから。できたら波の数を増やして。ビビらずに音符の頭からかけよう！

◆ちょっと冒険したい人

　同じく白玉音符のみにかけてみよう。波の数は1拍に4つ程度。1小節目の♪は音域的には深め、音量的にはやや浅めが適しているので、普通にかければよいでしょう。2小節目の♪は音域的には浅め、音量的にもやや浅めのため、浅めにかけるとよいでしょう。4小節目の♪は音域的には普通、音量的にはやや深めのため、やや深めに。このように、音域と音量のことを考えつつ最適と思われる波の大きさを探しましょう。

◆プロ顔負けの人

　基本的には「ちょっと冒険したい人」と同じに。加えてさらに、クレシェンド、ディミヌエンドによる音量の変化を計算し、それに波の深さを対応させてみましょう（例：最初の♪は普通にかけ始めて、その後クレシェンドとともに深さを広げていく）。波の速さに変化がつけられれば（この場合ならわずかな*accel.*）もうプロ顔負け、間違いなしといったところ。

●顎でかけるか、息でかけるか

　ヴィブラートは顎でも、息でもかけられます。正しいのはどちらでしょうか？

〈ポイント〉

　きれいなヴィブラートがかけられるなら顎でも息でもよいし、両方同時でもかけることもできます。顎を「おうおうおうおう」と動かしながら、息も「ふうふうふうふう」とすると、ちょっと気持ち悪いくらいにきれいにかかります。

　多くの人は顎でかけると思います。そのときの注意点は、**ノン・ヴィブラートのときより息を少し強めにすること！**

　なぜなら、ヴィブラートで顎が開いたときには、通常の息だと圧力が足りなくなり、ピッチ（基本となる音高）が下がってしまうからです。そのために、豊かできれいなヴィブラートなのに、どこか独特の「レトロなサクソフォーン」という感じの音を耳にすることがあります。それが悪いわけではありませんが、避けることもできます。

　この顎の開閉に対応させて息の量も増減させる、つまり息のヴィブラートも同時にかけると、どの状態でも音色、音程は安定して得られます。まあ、ここまでしなくてよいと思いますけどね！

●ところで、ヴィブラートの役割は？

だいたい「お化粧」くらいかな？　と思ってます。なくても問題はありません。実際、多くのクラリネット奏者やピアニストたちはヴィブラートを使いませんが、見事な音楽を奏でています。

使えるなら使ったほうがより豊かな表現がしやすいということでしょう。ヴィブラートがないのもシックでよい。控えめなのも趣深くまたよい。ふんだんに駆使するのも濃厚でまたよし！　できることなら、音楽のスタイルや状況によって使い分けられるようになると最高ですね。

●最低でも3種類のヴィブラート

僕は最低でも3種類のヴィブラートが必要と考えています。
- ●普通のヴィブラート
- ●浅くて速い細かなもの
- ●深くて遅い緩やかなもの

例えばクライマックスでの高音の延ばしは、浅くて速い細かなヴィブラートを使います。緊張感があるとともに音を遠くに飛ばすイメージにもなります。音程は少し上めにイメージします。歌心たっぷりに表情を付けたいときは、深くて遅い緩やかなヴィブラートを使います。音程はむしろ低めを意識し、濃厚かつ情感豊かな表情を目指します。それ以外の場面では、普通のヴィブラートとノン・ヴィブラートを使い分けます。

column コラム　ヴィブラートでよくある質問

いろいろな考え方がありますが、僕なりの答えを書いておきます。

Q1. ヴィブラートって音程を変化させてよいの？
A1. 多少はかまわないでしょう。でも基本的には倍音と音量の変化を中心にするのがヴィブラートだと思いますので、あまり大きく音程を変えないほうがよいでしょう。

Q2. ヴィブラートって上にかけるの？
A2. 上ではなく、基本となる音の上下に動かすイメージです。上手にヴィブラートをかけると、基音自体は揺れることなくずっと延びています。

指に影響されない息

●ヴァイオリンの弓が、サクソフォーンの息

　実は僕が日頃のレッスンでいちばんうるさく言うのがこの〈指と息の独立〉です。これはフレーズ、フレージングを操るうえで必要不可欠なもの。わかりやすい例として、ヴァイオリンの弓の使い方を見てみましょう。

譜例13　ダウン・ボウから始まるヴァイオリンのフレーズ

　書かれているスラーは一つなので、弓は一方向に動くだけです。はじめにダウン・ボウを示す ⊓ 印があるので、弓の根元で弾き始め、弓の先に向けて最後の音が終わるまで一方向に引き続けます。途中、**いろいろな長さの音が出てくるのに**、です。

　簡単かと思いきや、サクソフォーンで吹くと思いのほか難しいのです。「呼吸」の項目（p.12）でも書きましたが、ヴァイオリンの弓にあたるサクソフォーンの息は、目に見えないからです。上の譜例をサクソフォーンで吹いたとき、たとえば※1の出にくい音を息で押したり、※2の位置では、次の16分音符のリズムをとるためにアクセントを付けてしまいがちです。

◆エクササイズ

　次ページの譜例は、息が変化しやすい音型の代表的なものです。スラーの頭から終わりまで、息を変えず吹けるよう試してください。次は、ヴィブラート付きでもやってみましょう。焦らず何度もやりましょう。ときには機械のごとく、息のことだけに集中するのも効果的ですよ！

譜例14 サクソフォーンで息が変化しやすい音型。
息を変えずに吹ければかなりのもの

●フレージングの意味

　フレージングとは各フレーズをはっきり区分けし、表現することです。そのためには、スラーの意味をしっかり理解しないといけません。

　弦楽器のスラーは、スラーの中では弓を返さないということを意味しますが、これをサクソフォーンの息でやってみると難しい。ちょっと出しにくかったり、跳躍がからむと、つい息を変化させてしまうものです。すると美しいフレーズができません。

　大切なのは指と息とが完全に別になるということ。どんな指使いでも、音型でも、息がそれの影響を受けないこと。でも、これ難しいです。マジで。だから、気長にエクササイズして感覚ができるのを待ちましょう。

◆エクササイズ

　① 拍を数えながら息だけ出す。空間に線を書くイメージで。
　② ①と同じことをしながら、指も一緒に動かしてみる。
　③ ②のイメージのまま実際に吹いてみる。
　できましたか？
　コツは①、②のとき息のことだけ考えること。
　1に「息、息」、2に「息、息」3、4も「息、息」5もまた「息」！　とにかく息！

フィンガリング
～指のテクニック～

●速いパッセージ克服のポイント

「指が回らない」はみんなの悩み。次の譜例を見てください。

こんなの吹くなんて夢のまた夢と思っているそこのあなた、教えちゃいましょう、どうすればできるか！

譜例15

〈ポイント1〉「運指」

非常に速いパッセージを吹く場合、ありったけの時間をかけて練習するよりも、むしろ、ありったけの可能性を探してみましょう。特に指使い。

上の譜例の★の音は、ゆっくりでは演奏できても、テンポが上がるにしたがってとてつもなく難しくなっていきます。それは、これらの指使いがクロス・フィンガリングと呼ばれるもので、　　　、　　　のとき、押さえている指を放すと同時に、別の指を押さえなければならないからです。　　　は中指を放すだけ。　　　は人さし指を放し、中指を押さえる。ところが、下に書いてあるように⒯f、⒯cといったキイを使うことで、はるかにやさしくできるようになります。はじめはノーマルな指使いのほうがスムーズで簡単に思えるかもしれません。しかし、それでは指定のテンポにはまず行き着かないでしょう。最適な指使いを探すのがポイントです。

〈ポイント2〉「指を動かそうとしない！」

もっと大切なポイントが、「指は頭で動かす」ということです。速いパッセージで指がもつれたり、つっかえてしまったとき、「このバカ指が〜!!」と怒っ

たりしがちですが、その考えがすでにちょっと違うのです。指が悪いのではなく、頭が悪いのです。さて、これを踏まえたうえで、

◆エクササイズ１「まずは覚える！」
　譜例15をゆっくり（間違えないテンポで）何回か吹き、覚えてしまいましょう。このとき階名を頭の中で歌いながら吹けるとさらによいでしょう。

◆エクササイズ２「イメージする！」
　今度は音を出さずに、やはりゆっくりと指だけで練習してみます。このとき頭の中ではその音が鳴っているようにする。また、階名も同時に歌うようにしましょう（頭の中でも声に出してもよい）。指はなるべくキイから離れないようにしてください。力を入れずに、ppでピアノを弾くようなつもりで！
　次に一つ一つの指の形をイメージしましょう。例えば、一つめの♪のときに、次にくる♪の指の形をイメージして（つまり③とG♯を押さえて）から♪の指へ、次は♪の指をイメージしてから♪の指へ（つまりG♯を離す）といった具合に。これをゆっくりやります。何も考えなくてもできるくらいに覚えるまで、何度でも繰り返しましょう。

◆エクササイズ３「実践」
　いよいよ実践です。試しにインテンポで、メトロノームに合うように狙いをつけて、息をしっかり入れて勢いよく吹いてみましょう。いかがでしたか？魔法にかかった人、そうでない人、いろいろだと思います。

〈使用上の注意〉
　「焦らずに冷静な頭で対処すべし」、そして
　「ひるまずに、果敢にチャレンジすべし」
　スケールやアルペッジョなどの基礎練習と同様に、指がもつれてたり、速いテンポになるとついていけなくなるところでは、繰り返し練習するだけでなく、イメージと冷静な頭をもって臨んでみてください。クールな頭と熱い心。それが音楽には不可欠なのだ！

替え指①
～スムーズな運指にする～

●プロはズルしている!

「プロってスゲーなー」とコンサートでため息をついてしまう人もたくさんいることでしょう。実際スゲーのですが、しかし皆さんの想像よりかなり楽をしているのです。

楽器のキイは自分の手になじむように調整（ときに改造）してあるし、動かしにくい音型、音程が難しいところも替え指を駆使して極力簡単にしてあるのです。いわばちょっとした「ずる」をしているのです。さあ、そんなちょっとしたズルを覚えちゃいましょうか。

替え指は大きく分けて2種あります。
●よりスムーズな運指にするための替え指
●音程を良くするための替え指

では「スムーズな運指」から！　まず覚えるべきはⓅとⓉaの使い分け、Ⓣcの使い方、Ⓣfの使い方です。

●ⓅとⓉa

Ⓟとは図7のように①の下にある小さなキイで、フランス語のpetite（小さな）からきています。Ⓣaとは図7のように右手側に付いたサイド・キイのいちばん下のキイで、trill aつまりラのトリル用のキイという意味です。通常はⓅは①と一緒に押さえてB♭（A♯）の指使い、Ⓣaは①、②と共に押さえてB♭（A♯）の指使いとして使います。どちらも同じ音が出ますが、前後の音しだいではやりやすさが違ってきます。

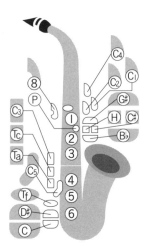

図7　替え指が可能性を広げる

譜例16

譜例16のaを試してください。Ⓟを使うと何の問題もなく吹けますが、Ⓣaを使うと右手がかなりやりづらいのがわかりますね？ 譜例16のb、c、dなど、たいていの場合はⓉaよりも⒫のほうがやりやすいのでB♭（A♯）は通常Ⓟを使いましょう！

ではどんなときにⓉaを使うのか？ 譜例16のeでは、Ⓟを使うと左手人さし指をずらさないと吹けません。この〈ずらし〉も有効な場合がありますが、これは上級者向けなので〈ずらし〉は禁止！ この場合はⓉaを使うのが正解です！ B♭（A♯）の前後どちらかにHがある場合はⓉaを使いましょう。〈ずらし〉はゆっくりな動きの中では問題は少ないけれど、速い動作では正確さに欠けてしまうからです。

〈豆知識〉

Ⓟの代わりは④、⑤、⑥いずれでもできます。前後の音、テンポを考え試しましょう。通常は音程が下がってしまう指使いなので避け、Ⓟを使います。また、gのようにB♭（A♯）の前後両方にHがある場合は中指でⓅを押さえることもできます。この場合は「中Ⓟ」と書き込みます。

〈まとめ〉

B♭（A♯）は通常はⓅで！ 前後にHがある場合はⓉa でと覚えましょう！

● Ⓣc と Ⓣf

Ⓣc、Ⓣfは、トリルC、トリルFのキイ。CとH、FとF♯のトリルに使います。サクソフォーンの運指には**〈クロス・フィンガリング〉**と呼ばれる箇所が二つあり、HからC、FからF♯に行くときのように、閉じていたキイを放すと同時に別のキイを押さえることを、そう呼んでいるのです。

譜例 17

　上の譜例を見てください。押さえていた①を放すと同時に②を押さえてする、押さえていた④を放すと同時に⑤を押さえてする。

　ゆっくりだとさほど難しさを感じないかもしれませんが、テンポが速かったり、トリルのときは、この動きは不可能なほど難しいものになります。

　試しに譜例12をいつもの運指で吹いてみてください。指がレロレロになっちゃうでしょ？　この動きを極力避けるためにこれら⒯c、⒯fのキイはあります。このキイを使って吹いてみてると、今度は何の問題もありませんね？

譜例 18

　さあこのめちゃ便利なキイ、いつでも使いたいのですがそうもいきません。次の譜例を吹いてみてください。

譜例 19

　ね？　やりづらいでしょ？　ここがポイント！
　⒯cはCの後にHかC♯がくる音型にのみ使えます。

譜例 20

Ⓣfは F♯ の後に譜例21のような⑤、⑥、⑦を使わずにすむ音型にのみ使えます。そうしないと、薬指を一度Ⓣfから離してもう一度⑤、⑥、⑦などのキイを押さえ直さなければならないからです。

譜例21　　Ⓣf　Ⓣf　　　　　　　Ⓣf　　　　　　　　　　　　　　　Ⓣfではなく⑥を使う

〈まとめ〉

　Ⓣcは H-C、C-H の動きで使う。Cの前後がHならばOK！
　ⓉfはF-F♯、F♯-F の動きで使う。F♯の前後がFより下でなければOK！
　さあ、このⓉa、Ⓣc、Ⓣfの使い分けはとても大切です。間違って使っていると簡単な曲も超難曲になってしまいますからね！

●LowC♯、H、B♭は G♯キイと連動

次に譜例22を吹いてみてください。どうですか？　イヤでしょ（笑）。

譜例22

そう、この小指でのトリルは誰にとってもイヤなものです。もしこれが超簡単にできるとしたら？　ふふふ、この本読んで得しちゃいましたね！　あるんですよ、超簡単なやり方が！

右手の指で、低音のⒽやⒷ♭のキイそのものに触りましょう。そう、このGとG♯のトリルは、Gを押さえたまま、右手で低音のⒽかⒷ♭のキイを直接ピロピロと触るとできるのです。なぜでしょう？　仕掛けはⒸ♯、Ⓗ、Ⓑ♭キイはすべてⒼ♯キイと連動していることにあります。つまりⒸ♯キイを動かすとⒼ♯キイも動きます。Ⓗ、Ⓑ♭も同様です。これを書いたのには深いわけが……。まず皆さんにⒼ♯キイは低音キイと連動していることをしっかり覚えてほしかったのです。次ページの譜例23を見てください。

譜例 23

このようにG♯の後に低音に行ったり、低音からG♯に上がったりする場合、最初から低音キイを押さえたままでG♯と低音を行き来できるのです。

譜例 24

譜例24は、似ているけれど使えないパターンです。このように間に音がある場合は使える場合と使えない場合があります。その都度自分で試して、使えるか使えないかを判断してみてくださいね！

●サイド・キイ

Ⓒ₁、Ⓒ₂、Ⓒ₃、Ⓒ₄、Ⓒ₅ と呼ばれます。Cはフランス語のcôté（コテ）、側（そば）という意味の言葉からきています。英語で同じ意味の言葉がside（サイド）だか

譜例 25

らサイド・キイとも呼ばれます。Ⓒ₁から順にD、Ⓒ₂はD♯、Ⓒ₃はE、Ⓒ₄はF、Ⓒ₅はF♯用のキイです。これは本来高音用のキイですが、中音でも場合によって使えます。例えば譜例25のようにD音のみがオクターヴ・キイを必要とする場合、このDをⒸ₂のみで吹くことで音色を統一できます（オクターヴ・キイは押さえません）。はじめのうちは少し詰まったような音がするかもしれませんが、慣れると良い音色にできます。

● C₂ キイ

本来 C₂ は ♯ のときに C₁ と一緒に使うキイですが、中音の替え指としてはこれ一つだけで 用に使います。この C₁、C₂、C₃、C₄、C₅、オクターヴ・キイ（⑧）とともに使うのと、オクターヴ・キイなしで使うのとでピッチが違います。本来が高音用のキイですから高音では問題ありませんが、本来の用途とは違う中音では正しいピッチが得られないので調整して使います。

高音と同じように C₁ を 用に使うと低過ぎる。かといって半音上の D♯ 用の運指 C₁、C₂ 両方にするとさすがに高過ぎる。そこで中をとるように C₁ を抜くとちょうどよくなるのです。もちろんこれが完璧な運指ではありません。楽器や人が変われば微妙な違いもあるのでさらに工夫が必要です。それは次の音程のコントロールで分かっていただけると思いますから、今は D は C₂ と覚えてください。

さて、譜例26の左を、通常の指使いで吹いてみてください。ね？　このテンポだと難しいでしょう？

でも右の譜例のように C₂ を使うと？　簡単！

譜例26

この と にきれいにレガートをかけようとすると、通常の運指だとすごく難しいのが分かるはずです。音色の差、楽器から受ける抵抗感の差が最も激しいのがこの2音です。しかし、C₂ を使うと D が音色も抵抗感も C に近く、きれいなレガートを伴うフレーズができるようになります。

サイド・キイは、このようにオクターヴ・キイを使わない音域と使う音域とが入り乱れるパッセージを、より演奏しやすくしたり、より美しいフレーズにするために使います。ただし、ダイナミクスが *f*、*ff* ではやはり音色が損なわれてしまうので、後者のように美しいフレーズをつくるためには使わないこともあります。

替え指②
～音程を良くする～

●サクソフォーンは完全な楽器ではない

例えば、「このサクソフォーン、高音の音程バッチリじゃん！」なんて思って、いざ *f* で吹くと、低過ぎたりします。楽器製作者はさまざまな状況に応えられる可能性を考慮して製作するため、楽器には音ごとに幅があり、だから、ノー・コントロールで吹いてしまうと、ピッチが高過ぎたり、低過ぎたりするのです。サクソフォーンを完全な楽器だと考えるのをやめましょう。仕方ないんです。逆に完全だと都合も悪いんです。演奏者は、それをコントロールしきって音にしなくてはならないのです。

音程のコントロール法には2種類あります。口、息でコントロールする方法と、替え指によってコントロールする方法です。もちろんこの二つを併用もします。ここでは替え指によるコントロールをマスターしてみましょう！

●替え指でピッチをコントロール

ピッチのコントロールは当然二つ。**上げる、下げる**です。例として の音を吹いてみてください。この音は通常低くなりがちな音です。なのでなんとかしてあげたいですね？

〈ピッチを上げる〉

ここまで読んでくれた読者の皆さんなら楽器の構造はもう大丈夫でしょう！ を吹くための ② を押さえながら楽器を眺めると、いくつか開けることのできるキイがあるのがわかりますね？

キイには通常は開いているキイと通常は閉じているキイの2種類があります。音程を上げるためには、通常は閉じているキイを開ける替え指を使い、音程を下げるためには、通常開いているキイを閉じる替え指を使います。

のとき閉じているキイで使えそうなキイは、Tc、Ta、G#、Tf、D# 、C# あたりですね。C1、C2、C3、C4、C5 は を出すための、②よりも上

の音用のキイなので、押さえたとたんに半音以上変わってしまい、使えません。Tc以下のキイが正解です。しかし、全部は使えません。開けてもほとんど音程が変化しないキイがいくつもあります。

〈検証開始！〉

Tcはかなりはっきりと音程が上がります。もしかしたら上がり過ぎかもしれませんが、とりあえず使えそうではあります。

Taは良い感じで音程が上がってくれます。使えそうです。

G#は少しだけ音程が上がります。これも使えそうです。

Tf、D#はほとんど音程の変化が見られず、使えそうにありません。

LowC#も同様に、と思いきや少し上がります。C#キイはG#キイと連動しているので、G#キイを開けたのと同じことになるのです。このCの後が低音のC#なら、最初からC#キイを押さえてCを出し、残りのキイを押さえればそのままC#に行けます。しかもCの音程も良い。一石二鳥とはこのこと！

このようにTc、Ta、G#はCの音程を上げるのに使えることが分かりました。それぞれの違いを見ると、**出す音に近いキイほど音程の変化が大きい**ということが分かります。求める音程に応じて使い分けましょう。

〈ピッチを下げる〉

同様に 🎼 で考えてみます。

②のキイより下で、開いているキイを閉じると、ピッチを下げることができます。

③は下がり過ぎてしまうので使いません。

④はしっかり下がります。使えそうです。

⑤、⑥は少し下がります。これも使えそうです。

Cは変化がなく、使えませんね。

LowH、B♭はG#との連動で、むしろピッチが上がってしまうので使えません。

これ以外にもアレンジしだいでまだまだ替え指はあります。皆さんも新しい替え指発見にチャレンジしてみてください。一覧表をデイリートレーニング・シートの裏側にも載せてあるから見ておいてね！

きほんの「ほ」

替え指③
～特殊な替え指～

　これまでの替え指はある程度わかりやすい理屈の替え指ですが、このほかにも複雑な事情により可能かつ有効な替え指があります。少し紹介しておきますね！

●中音のC♯用の替え指

　これは最近のモデルによっては使えないものもあるのですが、すこぶる優秀な替え指なので紹介しておきます。

◆③とオクターヴ・キイ

譜例27

　変でしょ？　中音なのにオクターヴ・キイを押さえるのです。実はこの③がキモ！　皆さんオクターヴ・キイが二つあることはご存知ですか？　キイは一つですが、穴は二つあり、音域によって自動的に切り替わるように作られています。

　この二つの穴の切り替わるのがGとAの間です。つまり③を押さえていると下の穴、離していると上の穴に切り替わります。本来高音のC♯は上の穴が対応していますが、③を押さえてしまうと下の穴に切り替わって中音のが出てしまうのです。

　この偶然がかなり優秀なのです。中音のには3つもの問題があります。
- ●音程が低い
- ●楽器の抵抗が少なく響きが出にくいため音色がよくない
- ●オクターヴ・キイを使う音域との上がり下がりの際運指が難しい

しかし、この３つを一気に解決してしまうのがこの替え指なのです！

- 低過ぎる音程はオクターヴ・キイを押さえることでぐっと上がり解決！
- ③を押さえることで楽器の抵抗が増し、響きが出やすく音色も良くなり解決！
- オクターヴ・キイを使う音域との行き来はオクターヴ・キイをいちいち離す必要がないため簡単、楽チン！

ね！　これは本当に優秀です。ぜひ覚えて使ってくださいね！

●高音F

これは本来フラジオ（フラジョレット）と呼ばれる音域外の特殊奏法との組み合わせで力を発揮する替え指です。

◆Ⓒ₁、Ⓒ₅

Ⓒ₅をⒸ₂、Ⓒ₃、Ⓒ₄の代用にしてFを出すと、Ⓒ₃を省くことで右手が、Ⓒ₄を省くことで左手が自由になり、フラジオのG音への運指が破格に容易になるのです。いつか使ってみてください！

図8　フラジオGの指使い

替え指はとりあえずここまでにしておきましょう。大切なのは楽器の構造を理解し、よりやりやすくなる運指、より確かな音程となる運指を見つけることです。

また、必ず練習の最初に楽譜にすべての替え指を記入することを忘れずに。前にも触れましたが練習はいわば「癖を付ける」作業です。後から運指を変えるのは音を変えるのと同じことです。やりやすくなるはずの替え指が、むしろやりづらさの原因にもなりかねません。最初に吟味し、決めてしまう。これを徹底させましょう！

特殊奏法

　今までで、おおむね基礎的な部分でのアドヴァイスはできたと思いますので、寄り道もありかな？　ということで、「床の間掛け軸の裏、虎の巻第十巻、THE 特種奏法」の巻〜！なのであります。

●一つ、「スラップ・タンギング」

　普通のタンギングが「ターとかトゥー」といったものなら、これは「ペン、もしくはポン」と発音します。弦楽器でいうピッツィカートのような楽しい音がします。まず、バリトンのリードを用意してください。よく選びましょう。なるべくダメそうなリードを。なぜなら割れてしまうことがよくあるからです。

　さて、用意ができたら、風邪をひいて病院に行ったとき、「はい、あ〜んして」とお医者さんがへらのようなものをベロにあてますが、あんな感じで、（とは言ってももう少し手前で）舌にリードを当てます。次に舌の中央をへこませます。Vの字にたたむと思ってもよいでしょう。この要領で、まさに吸盤のようにして舌にリードを吸い付けます。あとは図9のように手でリードを引きはがす感じで舌から離します。このとき、「プチップチッ」と音がすれば合格です。カップアイスを食べたとき、まだ物足りなくて、すくう木のへらを舌で吸い付けて遊んだりしたことありませんか？（こんなお下品なのはオレだけか？）あんな感じなんですが……。あとは、徐々にこれをリードの先端だけでできるように、

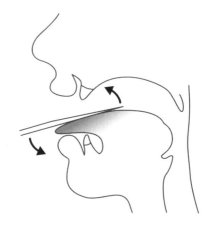

図9　スラップ・タンギングの練習

また舌の先端でできるようにポイントをスライドさせていき、マウスピースを付けて、楽器を付けてできるようにしていきます。最後は、普通に楽器を吹くときに口の中に入っているリードの部分だけでできれば、晴れて免許皆伝となるわけです。

何言ってるんだかわからなかった人、気にせず次へまいりましょう。

●一つ、「重音」

普通、どう考えても1本の楽器からは一つの音しか出ないのが当たり前です。ところが、出てしまうんですよ、いっぺんに、二つも、3つも、4つも。

図10にある指使いで、何も考えずに音を出してみましょう。詳しくは運指表を参考にしてください。いかがですか？「象の鳴き声みたいな音」が出たでしょう。これが重音です。「な

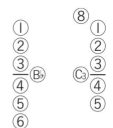

図10　重音の運指例。右の例のコツは p で吹くこと

〜んだ、出るっていったってこんなのかよ〜」と口をとがらせてるあなた、二つ目の指使いにトライしてみましょう。これはきれいにハモる「ドとミ」の和音です。コツは、p で吹くことです。少し浅めにくわえたらうまくいくかもしれません。

このように、重音には無数の指使いがあり、それら一つ一つ異なる和音が出せます。ただし、コツは、一つ一つで異なるので、そのつど覚えるしかありません。日頃ではあり得ない指使いで皆さんもいっぱい試してください。

●一つ、「循環呼吸」

もし、ブレスを取らずに延々と音を延ばすことができたらどんなによいか。そんなこと思ったこと、ありません？　そう、循環呼吸とはあなたの根性しだいでは30分だって、1時間だって、1日だって音を切らずに吹き続けられる奏法なのです。ね、夢のようでしょ！

用意するもの＝水の入ったコップ、ストロー、人目につかない場所。

さ〜皆さん、「か行」のおさらいです。ご一緒に、「か・き・く・け・こ」。ブラボー！　大変よくできました。さて今「か行」を発音するとき、つまりKa（か）のKを発音するときに、舌の奥とのどとで発音しているのが感じられますか？（図11）

これがポイントです。

ここをくっつけているとき、鼻から息は吸えますね。同時に、そのくっついているところから口先

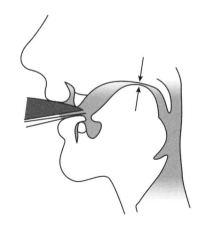

図11　「K」の発音

までのスペースは、一つのハコのようになっているのが分かりますか？　そう、循環呼吸とは口から息を吐きつつ、同時に鼻から息を吸うことなのです。まず、よく喫茶店でやるように水の入ったコップにストローを入れ、「ぶくぶくぶく」と息を入れます（こんなお下品なのはオレだけか？）。次に、Kを発音する要領で、のどと舌をくっつけ、のどに蓋をします。このときできた口の中のスペースにある空気を、頬の力や舌の力で「ほ→ゆ」と言うように、外に吐き出します。吐き出したら、のどの蓋を取り、普通に息を吐き出します。これを連続してやるわけですが、「ほ→ゆ」と言っているとき、のどは閉じているわけですから鼻から息が吸えます。つまりまとめると、普通に息を吐く→Kを発音するつもりでのどを閉じる→即座に口の中の空気を「ほ→ゆ」と言うつもりで吐き出す→同時に鼻から息を吸い込む→口の中の空気がなくなり切る前に元の息に戻す。これを繰り返せば循環呼吸のできあがり。

以上、少しでも興味をもってくれるものが見つかったら、じゃんじゃんチャレンジしてみよう！　きっと新しいいろいろな発見があるはず！　そして3つともクリアしてしまった君！　ご連絡ください。もっと面白い世界へ連れて行ってあげましょう！

デイリートレーニング・シート 取り扱い説明書

●時間がなくても5分でできる!

　日々向き合う楽譜での練習は、そこにある音符を並べられるようになるためのもの。

　それだけではなかなか良い音、きれいなアタック、レガート、ヴィブラートはマスターできません。

　これらはすべて長期的な練習を必要とするものばかり。でも、あきらめないで!

　「毎日合奏やパート練習で時間ないんです」「仕事帰りに時々吹いてるだけだから時間ないんだよ」

　そんなあなたに朗報!　1回なんと5分!　これだけやればあなたも天才に!　……はちょっと言い過ぎだけどきっと良いことあります。ぜひ試してほしいのがこのデイリートレーニング!　楽器吹けるときは毎日でもこれをやることは、音、アタック、息、ヴィブラートを見つめ続けるってこと!　それこそ上達の最短ルート!

〈使用方法〉

　練習する場所を決めましょう。部屋の壁際がベスト・ポジション。できれば近くに窓があるとなおベター!

　そしたら、壁と向き合い、立つ位置を決め、そこにこのデイリートレーニング・シートを貼っちゃいます。昨日までただの壁がこれで今日からあなたのサクソフォーン道場に早変わり!　後はシートの指示にしたがって練習するだけだぜ!

　裏面もあるからべったりのり付けしないでね!

テスト

さあ、仕上げのテストですよ（ふ、ふ、ふ）いくつできるかな？　今回はガチです。超上級までできるかな？　挑戦者募集中じゃ！

●テスト！

（1）　Taを使った替え指を３つ挙げよ！

（2）　Tcを使ってピッチを高くせよ！

（3）　Pはどんなときに使うと便利？

（4）　Tfを使った替え指を自分の楽器で一つ見つけよ！

（5）　C C2 C3 C4 C5を同時に押すと何の音？

（6）　G# C H B♭が連動することでラクできるのはどんなとき？

（7）　サクソフォーンの音程は常に正しい！　YesかNoか？

答え：マスターするまでこの章を読み直そう！

演奏の心構え

●作者、演奏者、聴衆

　音楽を成立させるには、作者、演奏者、聴衆の3者が必要です。作者は己の音楽を楽譜に記すことで作品としてつくり上げ、聴衆は演奏を通じて作品を受け止めます。では、演奏者のベストな姿勢はどうあるべきでしょうか？

●鏡

◆〈作者と演奏者〉

　鏡から1m離れて立ってみましょう。鏡の中に映るあなたは何m離れていますか？　そう、2mですね。

　演奏者と作者の間に置かれた鏡が楽譜です。単に楽譜に書かれた音符や言葉を再現しても、それはまるで鏡の表面を見ているのと同じです。作者の中で鳴り響いた音楽とは、まったく違うものになりかねません。

　演奏者は楽譜に記されたメッセージをよく理解し、自分なりの感性と生きた言葉でそれを再生します。その理解が深ければ深いほど、鏡の中の音楽と鏡の外の音楽は、本質的に等しい価値へ近づくはずだと考えます。

◆〈演奏者と聴衆〉

　演奏者と聴衆の間に置かれた鏡が音、すなわち演奏です。聴衆は演奏者の演奏を聴いて、「へえ、この人はこんなふうにこの音楽を奏でるのか」と思うことでしょう。その解釈、感じ方が聴衆一人一人の感性なのです。つまり演奏者を聴いているはずが、実は自分自身を知ることになっているのです。

　結論です。演奏者は作者の意図を最大の敬意を払って理解することに努めます。その解釈を自らの感性で具現化し、自らの音楽として世に発します。そして、それが一方通行の押し付けにならないよう、受け手としての聴衆の

立場を忘れずに発することが大切です。これが私の考える演奏の心構えです。

◆楽器はどこで吹く？

　楽器はどこで吹くでしょうか？　音楽はどこで聴くでしょうか？　楽器を吹くのは口に決まっているし、音楽を聴くのは耳に決まっています。しかし、こんなふうに発想を変えると音楽は一変します。

　皆さんが音楽を聴くとき、いつも「好き」とか「嫌い」とか思っていませんか？　音は確かに耳から入ってきますが、音楽は心で感じているのです。つまり「心で聴いている」のです。

　ならばいっそ、楽器を吹くのも口ではなく、耳にしませんか？　つまり吹きたいように吹くのではなく、「聴きたいように吹く」のです。こんなふうな音色、こんなふうな表情で聴いてみたい、と思うとおりの音が出ているかを「耳で確かめながら」楽器を吹くのです。これが楽器演奏、音楽の極意です。

◆独奏とは

　独奏＝Solistique（ソリスティク）とは、音楽をどう表現するかを誰にも頼らない、ということです。独奏は自分が信じる価値観を世に問う行為であり、だからこそ「作者は何を意図して書いたか」「聴衆はそれをどのようにとらえるか」、その両方に注意深くなるべきなのです。

　そんな大それたこと、若い自分には無理、と自信をなくす気持ちもよくわかります。しかし、それは違います。人は成長するだけではないからです。時間とともに衰えもします。若い頃の解釈には荒さもあるでしょう。技術的に至らぬ点もあるでしょう。しかし、何より若さがあります。その輝く音色とはつらつとした勢いは若さの特権ですから、自信をもって音楽と対峙（たいじ）してください。そして、年齢とともに、その特権と引き換えに円熟した表現を手にしていくのです。人生どこをとっても総合的には大して変わらないのかもしれません。それにあらがい、成長する人がいるならば、その人こそ真の芸術家と呼ばれることでしょう。

楽譜の読み方

●1か月、楽譜の最初のページを見続けた

　楽譜を見て分析することをアナリーゼと言います。解釈するってことですね。

　僕は大学に入って最初の曲でつまずきました。サクソフォーンのレパートリーの大半が近現代作品です。なぜならサクソフォーンという楽器が作られたのは1840年代。初めて取り組む曲がすでに複雑な作り方をしている近現代作品ですから、つまずくのも仕方ありません。仕方はないけどどうしたらよいのか皆目見当がつかず、なんと1か月もの間、楽譜の第1ページを眺めていました。

　どうしたらよいのかわからない。突破口を見つけたくても良いアイデアも浮かばない。結果ひたすら毎日2～3時間、最初のページだけを見続けたのです。

　毎日見るのですからいろいろ試してもみます。何か区切りを入れてみたり、和音の音程間隔を書き込んでみたり。その大半は使いものになりませんでした。

　しかしある日、なんとなく書かれていることが、何なのかが見えてきたように感じる日がきました。するとムダだったはずの試したことですら、徐々に解釈の助けとなっていったのです。

　こうした経験を経て今では初めて見る楽譜でも、ほとんどの場合、本を読むかのごとく、するすると解釈できるようになったのです。

　その後、パリ音楽院で学んだアナリーゼの仕方も踏まえながら楽譜の解釈をしていきました。

●アナリーゼの方法

　アナリーゼの基本は、作曲の逆の手順をたどることです。

　必ずしも作曲が曲の開始音から順に進められるわけではありませんが、アナリーゼでは曲全体を大きないくつかの部分に分けることから始めます。

譜例28　自分で分析してみよう。曲全体を大きな部分に分けるのが最初の一歩

　上の楽譜を、仮に1、2、3と3つの部分に分けたとしましょう。引き続き1の部分をA、B……のようにまたいくつかの部分に分けます。さらにAをa、b……のように分け、細かくできる最小の単位まで分けていきます。つまり最後はそれぞれが一つずつのモティーフになるまで分けていきます。曲を最小の単位まで細分化するわけです。

　自分で考えて、ちゃんと書き込んでみてね。

　書き込み終わったら、次は楽譜をよく見て、ほかに気が付くことを何でも書き込んでいきます。同じ部分、似ている部分、違い、音域やダイナミクスの変化、調性の変化などなど、とにかく何でも書き込みます。

　そうしたら、共通点、類似点、変化、新たなものの出現がなぜあるのか、自分なりでかまいませんから理由を見つけてみましょう。初めは頂上の見え

ない巨大な山に登るようで気が遠くなるかもしれません。しかし、継続は力なり！ 続けて取り組むうちにどんどん見える景色が変わっていくはずです。アナリーゼの一例を載せておきますから、参考にしてみてください。

譜例29　アナリーゼの例

〈ポイント〉

　自分の解釈が合っているか心配になるのが普通です。しかしそれは気にしなくて大丈夫！ 解釈は解釈なのです。正解も不正解もない！ そのくらいのつもりで取り組みましょう。回を重ねるごとに必ずより質の高い解釈へと成長できるはずですから！

●実際に音にしてみよう

　こうして得た音符、楽譜が語る音楽の意味。次はこれを踏まえて実際に音にしてみましょう。同じフレーズ、部分を何度も音にしてみましょう。

そしてそれをよく聴くことです。よく聴き、感じることです。自分の感性を通し、どう感じるか？　そこで得られるものこそ、自分の音楽であり、そして作者の音楽とも言えるのです。

もしそれは完全な作者の音楽とは違う、と考えるなら、すべての音楽を作者以外は演奏できないことになってしまいます。そんなのつまらない。そもそも作者自身がそんなこと望んでいないはずです。作者の意図を理解して音にすべきです。

奏者も時代も違い、、なぜか違う音なのに、それぞれがある一点に向かっていることに気が付く。それこそが本当に普遍的な意味での音楽である！

と僕は考えています。

●様式とは？

音楽は、作品それぞれ、時代それぞれの異なる価値観をもっています。それは各音楽様式の最も重要な要素でもあるのです。

たとえば**ロマン派**。ロマン派において最も大切なことは**〈音で感情を表現する〉**ことです。ロマン派の音楽は、単なる音を聴いているだけなのに、音は雄弁にドラマを語り、聴き手の中にその興奮を芽生えさせる音楽なのです。

北斎の絵の版画は、**印象派**の雄ドビュッシーの代表作「交響詩《海》」の初版スコアの表紙にも使われました。版画、交響詩、そのどちらにも共通することがあります。それは、現実には、**版画のような波は存在しない、そしてこの交響詩のような波も存在しない**ということです。「あ！　これは確かに波だ！」と確信したければ、実際の波の写真を見たり、実際に海に行き、マイクで波の音を録音してくるに限ります。

しかし、ほとんどの人が北斎の版画やドビュッシーの曲に触れて、「波だ！」と〈感じる〉のです。面白いでしょ！　**だから芸術なんです！**

これは波を見て、聴いたことのある人の中に残る記憶、印象を呼び起こすように創られた芸術なんです。

これらは、あくまでほんの一例。絵や音楽の本当の意味、価値は、皆さんで調べ学んでいってください。

きほんの「ん」

「ん」その❸

アンサンブルをどう考えるか

●自分の役割を知ろう

　さあ、前項では独奏について書きました。大変な感じですが案外気楽でもあります。すべては自分のことなのですからね！　ここではアンサンブルの考え方を書きます。「はあ、ソロはプレッシャー、ハンパない。アンサンブルは気楽でいいや！」……「喝!!!」

　アンサンブルはソロより大変でござるよ！　自分の考えだけでことは進まないのだから。かといって周りに頼っていたらつまら〜ん音楽になっちゃうでしょ？

●ホモフォニーとポリフォニー

　まずは自分の役割をしっかり理解することが大切です。そのためには音楽には２種類あることを覚えましょう！

　ホモフォニーとポリフォニーです。ホモとは一つの意味、ポリとは複数の意味です。

　ホモフォニーとは旋律一つに伴奏の形です。ポリフォニーはいくつも旋律があり、その旋律達だけでできている形です。例えばフーガがポリフォニーの見本です。

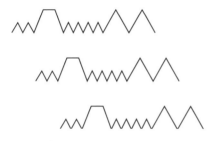

図12　ポリフォニーのイメージ

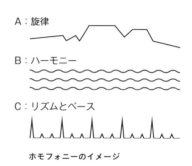

ホモフォニーのイメージ

日常出合う音楽はほとんどホモフォニーのほうです。旋律一つ、ただしオブリガートや旋律のハモリを伴うことも含みます。こうしてどのような音楽をやっているのかがわかると、おのずと自分が何を受け持っているかがわかります。そしてそのどの役割にも意味も楽しみ方もあるのです。

●自分の役割を理解しよう

譜例30

　この楽譜の**A**は**旋律**。この音楽の顔ですから、気持ちよく吹いてください。注意点としては、良い音程で吹くこと。基本的に伴奏側は皆旋律に合わせてきます。その旋律の音程が不安定だったりリズム、テンポがおかしいと伴奏は皆困ってしまいます。そして「アンサンブルの音程」の項（p.80）で触れる旋律的音程にもチャレンジしてみてください！

　さて、**B**はいわゆる**内声**と呼ばれるものです。役割は**ハーモニー**。これが美しくハモると音楽全体に色がつきます。旋律が生み出す表情を敏感に察知し、それにそぐう表情をハーモニーで作り出すこともできます。「音程」の項の純正律をしっかりマスターして、旋律との最高の関係を見つけてくださいね！

　Cは**ベース＆リズム**です。ベースはハーモニーの基礎をになってもいますが、テンポ、リズム感の担当でもあり、ときには旋律より偉い存在です。テンポがいちいち旋律の都合で変化しては心地よくない場合があるからです。ゆっくりのテンポの音楽、テンポが揺れる音楽では旋律の動向を大切にしますが、アップテンポの音楽では、むしろベース＆リズムが自主的にグルーヴする。旋律はそこに乗っかるイメージでやるのがカッコいい！

　大いにグルーヴしちゃってください！

アンサンブルの音程

　さてさて〈音程〉のお時間です。音程って難しいですね……でもちゃんとできるとすごくきれい！　んー悩ましかぁ……。

　しかーし！　安心してください！　これを読んでマスターすれば君も明日から（もうちょいかかるか）音程マスター！　さらに、替え指の項と合わせてマスターすれば、君は音程の〈神〉と呼ばれる日もすぐそこ！　臆せず、迷わず、面倒くさがらず今日も元気にGo ahead！　じゃ！

　早速ポイント！　しっかり覚えるべし！

〈ポイント〉

∥一つ、まずは平均律で吹くべし！
∥一つ、ハーモニーは純正律で吹くべし！
∥一つ、メロディーは旋律的音程で吹くべし！

はい、復唱。

　ちょっと、ちゃんとやってくださいよ。本だからってバカにしてないっすか？　ちゃんと復唱するだけでマスターできるんだからね！　はい、復唱！　説明いきまーす。

●まずは平均律で

　そもそも音程っていろいろあるんです。皆さんがいちばん正確だと思っているかもしれない平均律（ピアノの音程）は、便利にするために全部均等に並べてしまった音程。だから実はいちばん不正確ともいえるのです。しかし便利だし、チューナー信じてピッチ合わせたら前より断然良くなって褒められよった！　なんて人、多いはず。実際それは本当です。だって平均律はつまるところ〈近似値〉なんだから。だから日頃何を吹くときもまずは平均律で吹くべし！

●ハーモニーは純正律で

そして、さらに美しい音楽を求め、ハーモニーでは純正律で吹くべし！ 純正律って何？ ハーモニーがめちゃぴったりハモる音程のとりかた。次の楽譜を見てください。

譜例31 純正律にするには、「下げる」「上げる」に合わせてハーモニーを調整する

1度、4度、5度、8度はほとんど平均律と同じです。チューナーを目安にしても大丈夫。問題は短音程と長音程のある3度、6度。短3度は広く、長3度は狭くとるとぴったりハモるのです！

でもなんか変でしょ？ 短3度を広く長3度を狭くしたら、この二つの音どんどん近づいてしまいにはくっついちゃわないの？ そう、まさにくっついちゃうんじゃないの？ と思うくらいガッツリ広げ、狭めるとぴったりするのです。勇気が要るね！ 試してください。

6度は3度の反対。実は3度と6度は親戚。ウラオモテ。

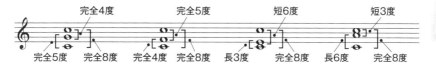

譜例32 完全音程は平均律とほぼ同じ。短3度は音程を広く、長3度は狭くすると音程がはまる

オクターヴ内では、3度をとると残りが6度になります。だから、短3度を広くとったら、残る長6度は狭くとると合うはずです。同じく、長3度を狭くとるなら、残る短6度は広くとれば合うはずです。

2度、7度はいわゆるハモる感じにはなりませんから、迷わず平均律で吹きましょう。

●メロディーは旋律的音程で

さて、もう一つ。旋律的音程です。「なんじゃ？」ですね。細かく考えて難しくなり過ぎては非現実的ですから、ここでは**〈半音は狭く〉**と覚えましょう。次の楽譜を見てください。

譜例33

この☆印の音を狭くとります。ただし、どちらに狭くとるかを間違えないように。この☆印の音を、次の音に近づけます。ここでは半音上がって終わるので、高くとります。実は高くすればするほど美しくなります。まあ限度はありますが、どこまで上げられるか、美の極限に皆さんで挑戦してみてください！

反対に、半音下がって終わる場合は、音を低くとり、続く音に近づけます。

問題：★印の音は高くとりますか？　低くとりますか？
旋律としては高くとりたい音です。しかし、ハーモニーとしては長3度ですから低くとらないとハモりません。激ムズ!!　さあどうする？

答え：僕にもわかりません。ごめんなさい。今まで、いろいろな人に質問してきましたが、明快な回答をもらえずにいます。どうにもできない矛盾なのかもしれません。一応僕の今日の時点での答えは書いておきます。

答え：高くとる
理由：和声でいう属和音（ドミナント）上にある音です。主和音（トニック）に解決する直前で、最も緊張感の高い和音なので、拡大解釈して、ハモらんでもよかろうと決め、高くとって、主和音で一気にハモって解決！

答えのない問題に、自分の頭と耳で向き合う。大変だけど楽しいよ！

門外不出!
チューニングと音程の練習

最後に門外不出スーパーテクニック・ウルトラCを伝授しちゃおう!

●BASQ方式とは

数年前から始めたサクソフォーン・カルテット Blue Aurora Saxophone Quartet、通称BASQ。良きメンバーに恵まれ充実した時間を過ごしていますが、発足当初はかなり大変でした。とりわけ音程の問題は一筋縄ではいかず苦労しましたが、しかし、新たな発見の源でもありました!

ここで特別に、苦労の末に編み出された二つのBASQ方式をご紹介しちゃいます。それはチューニングと音程練習!

●チューニングの仕方

通常見かけるチューニング方法は、実音のAでチューニングするやり方です（B♭でも同じです）。さて、実音Aは、E♭管のアルトやバリトンにとっては楽器のファ♯です。そしてB♭管のソプラノやテナーにとっては実音Aは楽器のシ。アルトとバリトンのファ♯はやや高めに上ずる癖があるので、奏者はチューニングのとき、マウスピースを少し抜いて合わせます。一方、ソプラノとテナーのシはかなり低めになってしまう癖があるので、マウスピースをかなり入れて合わせます。すると? アルト、バリトンは全体にやや低めに、ソプラノ、テナーは全体にかなり高めの音が出てしまいます。音程が合いにくくなるのが分かりますね? そこでチューニング方法を改めました。

●チューニングは 𝄞・ で

ソプラノ、アルト、テナー、バリトンすべてがその楽器の 𝄞・ でチューニングすることにしたのです。ソプラノ、テナーは実音B♭が、アルト、バリトンは実音E♭が鳴ります。このB♭とE♭が完全5度関係だったので、オ

クターヴとほぼ同じようにきちんと合わせることができます。つまり、4本の楽器を同じ条件にチューニングしたことになります。ぜひこのチューニングでも試してください。たぶんビックリしますから!

譜例34　BASQ方式式チューニング。4本の楽器を同じ条件にして合わせる

●音程の練習方法

　合奏中、自分が高いか低いか分からないことってありませんか?　実はよく考えたら分からなくて当然です。その瞬間瞬間に高い人も低い人もいっぱい混じっているんですから。

◆合わせるときに聴くのは一人

　BASQでは皆で合わせるのはやめ、かわりに逃げ場のない**デュオ総当たり戦**をやります。ソプラノとアルト、ソプラノとテナー、ソプラノとバリトン、アルトとテナー、アルトとバリトン、テナーとバリトンの6通り。基本的には誰が「高い」、「低い」はナシ。**お互いに協力して**音程を合わせます。

　次に**決めごと**をします。例えばソプラノはバリトンを、アルトはソプラノを、テナーはバリトンを、バリトンはソプラノを、とそれぞれ聴いて合わせる。**それ以外の楽器は聴かない**。聴く相手はときと場合で変わりますが、常に一人だけ。この方法、なんとバッチリなんです。そのとき、必ず**全体の連係が切れないように**決めます。例えばソプラノはアルトを、アルトはソプラノを、テナーはバリトンを、バリトンはテナーを、と決めてしまうとソプラノ、アルトと、テナー、バリトンとの間に関係がなくなり、音程が合うはずもありませんから。ときには逆転の発想で相手を絞ることもなかなか面白いのです。

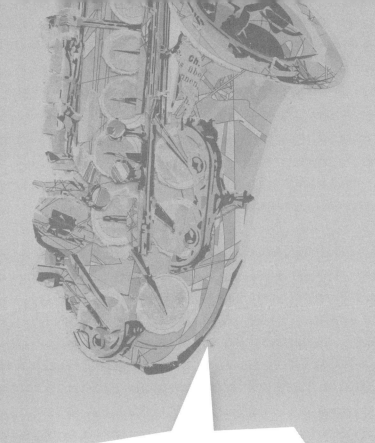

きほんの「上」に
楽しく音楽を続けよう

Saxophone

習う、教える

　僕が中学で初めてサクソフォーンをやったとき、教えてくれたのは３年生の先輩だった。「下唇ちょっと巻いて、上の歯をマウスピースに付けて、そうそう、それでフーッて吹く、おお、音出たね！　指はリコーダーと同じだから！」以上！　実にシンプル。でも別に困らなかった。

●最高の先生は「楽器で一緒に遊ぶ」こと

　「はじめに」でも書いたけど、僕は半音階の運指は自分で適当に見つけてました。運指表はどこかにあったけど探すの面倒だったし、それより１秒でも長く楽器吹いていたかったから、手に豆作りながらでも楽器を持ち帰って、昼休みもこっそり部室に忍び込んで、とにかく面白くって仕方なかった。

　合奏なんてめったにやらない部活だったおかげで、毎日先輩たちとバッハの《パッサカリア》を初見で吹いたり、フラジオ、重音、ダブル・タンギング、フラッター・タンギング、循環呼吸にチャレンジしたり……。

　だから、一つ一つ丁寧に教えてあげるのもよいけど、楽器使って一緒に遊ぶ！　これがいちばん楽しいしうまくもなると言いたい！

　「間違った癖が付いたらどうするんですか？」。そんなの、専門の道にどうしても進みたくなったら厳しい先生に一から鍛え直してもらえばいい。

●理屈や方法論では

　教えていても、習っていても、「これは、感覚だなぁ、理屈や方法論ではなんともならないんだよなぁ」と思うことはしばしばあります。その「感覚」を成長させてくれるいちばんの方法がこの遊び。好きこそ物の上手なれ！

　細かいことを知りたい、教えなければならないときがきたら、この本を開いてほしい！　まず「分からない」「困る」「載ってない」とはならないですから！

趣味にするか専門にするか

　楽器を演奏する人には2タイプあると思います。プロ奏者と、アーティスト。「趣味でやってる人たちは？」　僕は「アーティストの卵」だと思ってます。

●プロ奏者とアーティストの違い

　プロである条件は安定供給。決められた日時に、確かな技術をもって聴くに値するレベルの音を提供できるのがプロ奏者。さらに技量がズバ抜けていたり、音が魅力的ならば、ハイ・クォリティーも加わった特別なプロになります。

　アーティストである条件には、安定もハイ・クォリティーもありません。芸術的であれば、アーティストなのです。10年に1回でも一生に1回だけでも、聴く者の心に届く音を奏でる人がアーティストです。音楽教育の有無なんて関係なく。

　だから、皆さんには日々、とにかく心ゆくまで楽器を、音楽を楽しんでもらいたいのです。もちろん技術を鍛えていけないわけではありませんが、楽しい音楽ライフを忘れないでください。知識をむさぼり、技術習得に必死になるべきなのはプロを目指す者です。

●プロを目指そうと決めたら

　もしうっかりプロを目指そうなどと決めてしまった人は、ちんたら楽しむのは止めて、死に物狂いで練習してください。その上で必ず、かつて音楽を愛し、音を出すだけで幸せになっていた自分に再びたどり着いてください。

　単なる安定供給屋さんで終わらないでほしい。

　プロの道経由、アーティスト着！　ぜひ！

スランプに陥ったとき

●初めて音楽の道をあきらめた

　あれは忘れもしない、フランス留学も1年がたとうとしていた頃。毎日が戸惑い、つまずきの連続、それでもなんとか楽器だけは頑張らねばと必死でした。毎日7時間くらいは練習したと思います。しかし、レッスンには一向についていけず、むしろ下手になる一方でした。そんなある日ついに、トイレで大量出血！　「もうダメだ。死ぬのかも」と思いました。

　あきらめよう。この道を目指して以来、初めてあきらめようと思ったのです。肩の力がすぅっと抜けるのがわかりました。するとにわかに、昨日までのライバルがすべて憧れの人となっていました。

　私はライバルたちにいらぬ敵意を持ってしまっていたのでしょう。相手を心から尊敬できたことがかえって自分を助け始めていました。

●練習方法を変えた

　このあきらめは練習方法にも変化をもたらしました。日々の練習は最長でも2時間としました。すると怖くて練習が始められなくなったのです。2時間たってから「足らなかった」ではまずいので、練習中の1秒1秒が大切になり、無駄をなくし集中するようになりました。すると練習の仕方もいろいろ考えるようになり、さまざまな練習方法をつくり出していました。

　できないことがある。できないところがある。それに対し、ただひたすら頑張るのはやめ、冷静に「なぜできないか」考えました。その理由を明らかにして、解決できる練習の方法を考えたのです。この本にある、姿勢、ロングトーン、タンギング、スケールなどなど、すべてはこのスランプから抜け出るために、当時考え出した練習方法なのです。

　押して駄目なら引いてみな、とはよくいったものですね！　あきらめて開く道もあるのです！

演奏することの「快感」

　これまで書いてきたように演奏という"なまもの"を文章で説明することはとても難しく、また、とても危険なことでもありました。そこで最後に、演奏という行為そのものについて、語ってみましょう。

●快感と達成感

　これを読んでいる皆さんには、いろいろな立場の人がいると思います。学校や地域の吹奏楽団に入っている人、仕事が忙しくて今は演奏から離れている人、今は結婚して吹いていないけど、ついこの本だけは読んでる人たち、アマチュア、セミプロ、プロ、etc. いろいろな形があるでしょう。でも、みんな演奏を経験した演奏者たちですね。

　なんで私たちは演奏するのだろう？　と考えたことはありますか？

　答えはただ一つ。「快感」だから。そう、みんな、少なくとも一度はその快感を味わってしまった人たちです。そして、それに伴う「達成感」！　これを味わうと、もう演奏のとりこです。

　いいや、快感なんてまったくない。あるのはつらい練習と、恐い先生からのプレッシャーと敗北感だけだ！　などとお嘆きの人もいるかもしれません。快感も達成感も味わったことのある人、達成感は味わったことないけど快感はある人、達成感は味わったことがあるけど快感のない人、快感にすら気付かない人、と個人差はあるものです。

　よく「演奏は楽しんでやるものだよ」といいますよね。これは言い換えれば「快感に溺れよう！」ということです。いかに快感に気付かないで演奏してる人が多いかということでしょう。そして、快感も知らずに達成感ばかりを追い求めてしまってる人のなんと多いことか！

●演奏の快感を追求しているか？

　「演奏」という行為は原始時代からあったと言います。文字や楽譜ができる前から、人間の根源的な行為としてあったものです。楽しんで、と言うといかにも精神的なことのように思いますが、それだけではありません。

　演奏にはいつも、肉体的喜びが伴います。例えば速いパッセージがはまった瞬間の指の感触、タンギングがバッチリはまったときの舌の感触、リードがよく振動したときの唇の感触。大音量の振動の感触、美しい和音から得る鼓膜の振動、ビートが鼓動と重なる立体感、それらを快感として体全部で受け止めようじゃないですか！　理性で楽譜やさまざまな制約に縛られる前に、退化してしまった感覚を呼び起こして快感を感じよう！　快感のないところに真の達成感は生まれないのだから！

　演奏を聴く人は、その快感を共有したいんです。特に演奏したことのない人、演奏できない人は、それを演奏者から感じ取りたいんです。

●人と同じ自分。人と違う自分。

　こんなことを考えながら、僕は演奏の仕事をしていますが、同時に、演奏家と芸術家の関係、人と同じ自分と、人と違う自分のはざまで常に生きているということを考えてます。

　人と違う自分を出していくと、孤独な芸術家になっていく。しかし、人と同じ自分だけだと、主体性のない、ロボットみたいになってしまう。

　吹奏楽というのはもともと軍隊に所属していたので、多かれ少なかれ、人と違う自分を押し殺さなくてはいけない要素があるでしょう。でも、演奏は、ほかの誰のものでもない、自分のためのものです。自分が満足しなければ、誰をも本当に満足させることはできないんだと思います。

　僕もまだまだ、サクソフォニストとして、快感と達成の間で、人と同じ自分と人と違う自分の間でもがいています。

　まあそれが生きるってことなんでしょうか……。

おわりに

　皆さん、最後までお読みいただきありがとうございました！筆をおく前に一つお願いがございます。

　僕は、今日までサクソフォーンや音楽に携わってきた中で、いくつもの新しい発見をしました。今回皆さんに披露させていただいたもののほとんどは、そうした発見によるものです。しかし、こうした発見、気付きというのはそう頻繁にあるものでもないのです。数年に一つくらいしか見つからないこともよくあること。ところがそれを教えるのは、ほんの数秒でできてしまうのです。

　そこでお願いなのです。これを読んだ皆さんは、もう私とは違うスタートラインに立つのです！　ぜひその先を見つけてほしいのです。あと10年もすれば僕も立派なジジイです（笑）。もはや新しいものなんか見つける気力はないでしょう。

　つまり、この本は僕から皆さんへのバトンタッチなのです。だから、

　　後は頼んだでぇ！

2018年10月
平野公崇

特別寄稿

「本番力」をつける、もうひとつの練習
誰にでもできる「こころのトレーニング」

大場ゆかり

　演奏によって、私たちの心を動かし、魅了してくれるすばらしい音楽家たちは、表現力が豊かで卓越した演奏技術はもちろんのこと、音楽に対する深い愛情をもち、音楽を楽しむ気持ちを大切にしています。そして、音楽や自分なりの目標や夢の実現に向け、真摯に音楽と向かい合っています。また、逆境やアクシデントをチャレンジ精神やポジティブ・シンキングで乗り越える強さとしなやかさもあわせもち、演奏前や演奏中には高い集中力を発揮しています。

　さて、日々の練習の集大成として最高のパフォーマンスをするため、本番に理想的な心理状態で臨むためには、心の使い方や感情・気分のコントロールができるようになることが必要です。

●こころのトレーニングを始めよう!

　まずは、これまでやっていたこと、できそうなこと、やってみようかなと思えることに意識的に取り組んでみましょう。

①練習前後に深呼吸をしたり、目を閉じて心を落ち着かせる
　緊張・不安、やる気のコントロール
②練習中に集中できなくなったときに体を動かしたり、気分転換をする
　集中力の維持・向上
③ちょっとした空き時間や移動時間を利用して曲のイメージを膨らませる
　イメージトレーニング
④本番で拍手喝さいを受けている自分を想像する
　イメージトレーニング

⑤練習記録をつける

　目標設定とセルフモニタリング（記録と振り返り）

⑥寝る前にストレッチやリラックスする時間をとる

　ストレスの予防・対処

●「練習記録」と「振り返り」でステップアップ！

　上達のためには、本番や目標への取り組み過程や練習内容・成果、体調・気分、できごとを記録し、振り返ることが大切です。記録と振り返りを行うことにより、自分の状態や課題、自分自身の体調や気分の波、練習の成果が現れるプロセスやパターンに気付けるようになります。また、記録することで、取り組み内容や頑張ってきたこと、工夫したことなどを、自分の目で見て確認することができるため、やる気を高く保つことにもつながります。本番前など不安が大きくなったとき、自信がもてないときに、あなたの練習記録があなたを励まし、本番に向かう背中を押してくれることでしょう。

練習記録の例

わたしの練習日記

日付	できた?	練習内容	結果	体調・気分
4月8日(月)	△	基礎練	スケールをいつも間違える	寝不足
4月9日(火)	◎	課題曲の C	うまくできた	元気
4月10日(水)	○	パート練	E のユニゾンがそろった！	元気
4月11日(木)	△	譜読み	臨時記号で間違える	だるい
4月12日(金)	○	課題曲の全体合奏	いい感じ！	◎！
4月13日(土)	×	イメトレ	模試でほとんどできなかった	微熱
4月14日(日)	○	ロングトーンとスケール	10分だけだったけど、集中していい音が出せた	元気。午後からは遊んだ

《4月2週目まとめ》　←振り返る（1週間でなく1か月単位でもよい）

●先週より音が良くなってきたかも。
●指はやっぱり難しいから来週はゆっくりから練習しよう。

● 「振り返り」のポイント

　これまで練習してきたことや取り組んできた課題、目標が十分に達成できたかについて考えましょう。

　本番の成績や順位、点数、合否、ミスタッチの有無など「結果」も気になりますが、「プロセス（これまでの頑張り）」に注目しましょう。

● **音楽と長く楽しく付き合っていくこと**

　心理学者のアンジェラ・リー・ダックワース博士は、一流と呼ばれる人たちは、生まれもった才能や資質に恵まれている特別な人なのではなく、グリット（やり抜く力）と呼ばれる一つのことにじっくりと取り組み、失敗や挫折にめげずに粘り強く取り組む力や努力を続ける力が非常に高いことを明らかにしました。ダックワース博士は、「努力によって初めて才能はスキルになり、努力によってスキルが生かされ、さまざまなものを生み出すことができる」と言っています。たとえ、2倍の才能があっても2分の1の努力では決してかなわないというのです。

グリット（やり抜く力）

● **情熱**
・一つのことにじっくりと取り組む姿勢
・長期間、同じ目標に集中し続ける力

● **粘り強さ（根気）**
・挫折にもめげずに取り組む姿勢
・必死に努力したり挫折から立ち直る力

せっかく始めた音楽を「才能がない」「素質がない」と言ってあきらめてしまったり、頑張ることをやめてしまったら、それは、自分で自分の可能性の芽を摘み、自らできるようになる未来を放棄してしまっていることと同じことになってしまいます。もし、「どうせ」「無理」「できない」と弱気の虫が出てきてしまったら、あきらめてしまう前に、音楽を好きだ・楽しいと思う気持ちや、初めて楽器に触れたときのこと、初めて良い音が出せたと思えたときのこと、仲間や聴衆と心を通わせ音を合わせて紡いだメロディーや一体感を思い出してみてください。

　そして、できない・うまくいかない今のことばかりにとらわれ続けて、ただやみくもに練習を繰り返すのではなく、できるようになった未来を明確に思い描きながら、できない今とできるようになった未来の違いを考えてみましょう。

　そうすると、できるようになるためにどうすればよいのか、今、自分に必要な練習は何か、乗り越えるべき課題は何かをはっきりさせることができます。さらに、うまくできている人のまねをしてみたり、うまくいくコツを見つけたり体感したりしながら、さまざまな工夫や試行錯誤を繰り返すことが、課題を克服するための具体的で現実的かつ効果的な練習にもつながります。

　才能や能力は伸びるものだと信じ、「今はまだできなくても、練習すればできるようになる」と考えるようにすると、今はまだできない課題の克服のための努力や挑戦を続けていく力が生まれてきます。まずは、「必ず、できるようになる！」と強く信じ、日々、できたことやできるようになったことに注目しながら、あきらめず、粘り強く、できるようになっていくプロセスを楽しみつつ、音楽と長く楽しく付き合っていってください。

大場ゆかり　九州大学大学院人間環境学研究科博士後期課程修了。博士（人間環境学）。武蔵野音楽大学専任講師としてメンタル・トレーニング等の講義を担当。『もっと音楽が好きになる　こころのトレーニング』を音楽之友社より刊行。

著者プロフィール

平野公崇（ひらの・まさたか）

Photo © Masato Okazaki

東京藝術大学卒業後、パリ国立高等音楽院に入学、サクソフォーン科、室内楽科、即興演奏科を最優秀の成績で卒業。在学中にJ.=M.ロンデックス国際コンクールを制し、日本人サクソフォニスト初の国際コンクール優勝者となり、鮮烈なデビューを飾った。斬新な企画を生み続ける活動は常に注目されており、クラシックから現代作品、即興、ジャズまで幅広く活躍。現在東京藝術大学、洗足学園音楽大学、東邦音楽大学、エリザベト音楽大学、尚美学園大学で後進の指導にあたる。

もっと音楽が好きになる 上達の基本 サクソフォーン

2018年11月30日　第1刷発行
2025年 7 月31日　第4刷発行

著者 ───── 平野公崇
発行者 ───── 時枝　正
発行所 ───── 株式会社　音楽之友社
　　　　　　　〒162-8716　東京都新宿区神楽坂6-30
　　　　　　　電話　03（3235）2111（代表）
　　　　　　　振替　00170-4-196250
　　　　　　　https://www.ongakunotomo.co.jp/

装丁・デザイン ── 下野ツヨシ（ツヨシ＊グラフィックス）
カバーイラスト ── 引地 渉
本文イラスト ── かばたたけし（ツヨシ＊グラフィックス）
楽譜浄書 ───── 中村匡寿
写真 ────── 岡崎正人
印刷・製本 ──── 共同印刷株式会社

©2018 by Masataka Hirano　Printed in Japan
ISBN978-4-276-14584-9 C1073

本書の全部または一部のコピー、スキャン、デジタル化等の無断複製は著作権法上の例外を除き禁じられています。また、購入者以外の代行業者等、第三者による本書のスキャンやデジタル化は、たとえ個人や家庭内での利用であっても著作権法上認められておりません。
落丁本・乱丁本はお取替いたします。